Tabla de Contenido

Agradecimientos y Reconocimientos 2

Prólogo 4

Introducción 6

Capítulo 1: Barreras Culturales 15

Capítulo 2: Barreras Relacionales 31

Capítulo 3: Barreras Educativas 50

Capítulo 4: Barreras Espirituales 72

Capítulo 5: Barreras Emocionales 89

Capítulo 6: Barreras de Identidad 102

Capítulo 7: Barreras de Habilidad 115

Agradecimientos y Reconocimientos

Primero, doy gracias a Dios, mi creador, por haberme dado la oportunidad de estudiar; por la sabiduría y la fe para entender que de su mano podía abandonar la escasez y las limitaciones financieras, y encontrar el camino de excelencia integral, espiritual y financiera.

Agradezco a mis padres, Pastores Marcelina y Luis Rivera por su ejemplo y apoyo incondicional. Papi, hombre guerrero, esforzado y dedicado a la obra de Dios: estoy agradecido con Dios y feliz porque aun sigues con nosotros a tus noventa años. Mami, mujer intercesora, servicial, dadivosa, dedicada a tu familia y a Dios: te extraño mucho, aunque sé que estás en un lugar mucho mejor; a mis hermanos Nancy y Samy; a mis cuñados Maritza y Larry; a mis sobrinos Kimberly, Aida Damaris y Samuelito, estoy muy orgulloso de todos sus logros.

A mis Pastores, Alberto y Marian Delgado, por su liderazgo, influencia y sabiduría; a la familia de "Alpha & Omega" en Miami, Florida; a mi amigo de batallas, Pastor Luis Díaz; a mi mano derecha, Luz María Carvajal, mujer comprometida, eficiente y dedicada, apoyando mi visión y los objetivos de este libro; al gran equipo del Discipulado y Grupo de Fe Empresarial. También quiero reconocer a los

Pastores Jimmy y Johanna Villamizar, por sostenerme con sus oraciones. Érika Alberti: gracias por siempre estar dispuesta y por tu valioso apoyo. A la coach Karo Nope, por ser instrumento de Dios en esta edición y a la coach y Pastora Melba León por sus sabios consejos y su valiosa contribución a la realización de este libro.

Prólogo

Definitivamente, para poder avanzar en la vida es necesario despojarnos de un sinnúmero de situaciones y experiencias negativas que nos marcaron en nuestro proceso de formación y que nos podrían impedir disfrutar de una vida abundante, como Dios desea. Por eso esta nueva propuesta literaria, cargada de elementos de superación, de alguien que considero un gran amigo y que ha formado parte de nuestro ministerio, me parece muy oportuna y de gran valor para todo aquel que se atreva a creer que puede salir de las sombras de un pasado lleno de limitaciones y lograr lo que siempre ha soñado.

Creo firmemente que Dios está haciendo cosas nuevas entre sus hijos y aquellos que se acercan a Él, trayendo libertad, restauración, restitución y riquezas abundantes, manifestadas en provisión económica, salud, paz y gozo. A través de su hijo Jesucristo tenemos la capacidad de ser salvos de todo lo que nos oprime y nos roba la felicidad. Para esto, muchas veces necesitaremos no sólo la ayuda del Espíritu Santo, sino también de hombres y mujeres que Él ha capacitado para empoderar a otros y ayudarles a alcanzar su máximo potencial.

En *Rompiendo Barreras,* mi amigo, el empresario Rev. Louis Rivera, te llevará de la mano para enseñarte cómo romper y deshacerte de siete limitaciones que muy probablemente han estado frenando distintas áreas de tu vida. En sus páginas encontrarás historias verídicas que te inspirarán y, a la misma vez, herramientas de aprendizaje, que, al aplicarlas en tu diario vivir, te abrirán los ojos a una nueva dimensión de libertad financiera y paz emocional.

Rev. Alberto M. Delgado, M.A., D.M. Th. D.
Pastor principal "Alpha & Omega Church", Miami FL.

Introducción

Hola, amigo. Soy Louis Rivera. Bienvenido a este camino que tú y yo vamos a recorrer juntos. A través de estas páginas quiero dejarte herramientas, recursos y la motivación necesaria para que puedas encontrar el verdadero camino a la libertad financiera.

Este libro está inspirado en mi vida, más no quiero que sea una biografía sino una herramienta esencial para conseguir riquezas. En él encontrarás conceptos técnicos unidos a habilidades; yo descubrí que, practicándolas en todas las áreas de mi vida, me han dado un resultado positivo.

El verdadero significado de las barreras en momentos difíciles es una de las cosas que quiero compartir contigo, porque vivir barreras y dificultades es normal, todos las hemos tenido en algún momento.

Creo que lo más importante no es hablar de las montañas, de los problemas que enfrentamos, sino de lo que hicimos para derribar esas montañas, esos gigantes que se interpusieron en nuestro camino. En la medida que vencemos cada obstáculo, vamos madurando, aprendiendo el valor de la vida, el de las conquistas y los logros.

Agradezco a todos los empresarios, los profesionales, hombres y mujeres, y todas las personas que me han acompañado en este viaje; no ha sido fácil ni rápido, porque es el viaje de la vida, y en ella tenemos momentos especiales, y otros que no lo son tanto; momentos fáciles, y otros difíciles.

Será una experiencia nueva, un punto de vista innovador, una forma de ver el dinero y las finanzas desde una perspectiva experimental donde desarrollarás habilidades totalmente diferentes para el manejo y la administración del dinero que jamás te han contado.

Roberto Kiyosaki, el famoso escritor del libro "Padre rico, padre pobre" dice que el 20% de lo que necesitas si quieres ganar en el campo del dinero es conocimiento y el 80% restante disciplina. ¿Cómo llego al conocimiento? Para obtenerlo, tengo que estar dispuesto a obtener información: la información me da conocimiento, el conocimiento me lleva a una práctica, y esa práctica me lleva a un resultado positivo. Por eso, en este libro te voy a compartir 7 barreras que tuve que superar para poder llegar a la libertad financiera.

No puedes ganar en el mundo del dinero si no estás dispuesto a auto disciplinarte, aunque la disciplina en cualquier destreza nunca es fácil.

Por ejemplo, si quieres ser un atleta e ir a las olimpiadas, te recomiendo ver los documentales de todos los que han llegado a ser competidores olímpicos. En ellos verás el entrenamiento riguroso, la alimentación y todo de lo que ellos tienen que privarse por días, semanas, meses y años para lograr sus objetivos. De la misma forma, no hay nadie que haya llegado a la libertad financiera sin haber tenido que luchar y vencer obstáculos, dificultades y limitaciones para poder llegar al camino.

Ahora te comparto qué es ganar en el juego del dinero: es poder adquirir, conocer, lograr y triunfar. Cuando te hablo de lucha, te estoy hablando de cómo quiero que te imagines el camino hacia la libertad financiera. Imagina que estás viendo una pelea de box en la que hay cierta rivalidad, una batalla entre dos contrincantes; debes entrar en esa pelea para que realmente puedas romper barreras y logres quitar del camino todos los obstáculos. Ahora Imagina que entre tú y tu libertad financiera existe un inmenso mar. ¿Qué harías para atravesar ese mar? Porque cuando te digo lo que es la libertad financiera, a todos nos agrada, todos la queremos de una u otra forma.

Por eso quiero definirte qué es libertad financiera, para que comprendas desde el principio la importancia de persistir hasta alcanzarla y logres vencer las barreras que encontrarás en el camino. Ese es mi objetivo al compartir contigo las 7 barreras que se van a presentar en tu camino hacia la libertad financiera. Posiblemente no hayas vivido las mismas que yo, pero de algo estoy seguro: las que te comparto son las más comunes y las que seguramente estás enfrentando o vas a hacerlo.

En su definición técnica, la libertad financiera es la capacidad que tiene una persona para vivir de la rentabilidad de sus inversiones, de los ingresos procedentes de sus activos o de sus ahorros. En otras palabras, es que puedas generar dinero sin que lograrlo te consuma tiempo o esfuerzo. Me gustaría ampliarte aún más este concepto: es alcanzar un patrimonio que te genere diferentes tipos de ingreso sin depender de un salario, ¡éste es el sueño de toda persona! Te va a permitir vivir libremente, con la capacidad de mantener tus gastos, dejando ingresos residuales para reinvertir y continuar el ciclo del éxito.

Suena bien, ¿cierto? Sin embargo, debes saber que toda persona que está en la gloria tiene una historia y entre gloria e historia hay un proceso; todos los procesos requieren luchas y duelen, pero quiero animarte; los procesos son parte del aprendizaje, te van llevando de nivel en nivel y se convertirán en tu historia; mi deseo es que tu historia también sea un canal para que otras personas puedan experimentar transformación y así cumplas tu propósito de vida, en prosperidad y ayudando otros. Valora cada lucha para que llegues a tu gloria.

A ti, apreciado lector, te recomiendo que tengas un ejemplar de la Biblia para consulta. Te sorprenderá saber que Jesús habló de dinero más que de cualquier otro tema; 16 de las 38 parábolas se refieren a cómo manejar las finanzas y los bienes. La Biblia contiene más de 2650 versículos relacionados con el tema del dinero y las posesiones. El Maestro nos dejó todos estos mensajes porque sabía que nuestra relación con el dinero sería una gran lucha y afectaría, para bien o para mal, la condición de nuestro corazón. Pero su voluntad es que vivamos en bendición y prosperidad como sus hijos, herederos de sus riquezas.

Ahora te voy a compartir dos temas que también tienen mucho que ver con el libro. El primero es que tú y yo creamos nuestra realidad. Inclusive la Biblia dice que tal como el hombre y la mujer piensan, así es; el segundo es que necesitamos renovar nuestra mente. Siempre he dicho que antes de ser pobre en el bolsillo, uno es pobre en la mente; es decir, si renovamos la mente arreglamos el bolsillo. Así que a continuación te hablaré de esos dos temas: "Usted es lo que piensa" y "Renueva tu mente".

Te mencioné que el libro de Proverbio 23:7, dice: "Porque cual es el pensamiento del hombre y de la mujer, así será. El ser humano nunca será más de lo que piensa, y nunca irá más allá de lo que habla". Quiero detenerme ahí porque es algo importante: nunca seremos más de lo que pensamos, ya sea que pensemos negativa o positivamente, así también serán nuestros resultados; igual ocurrirá con la gente de la que nos rodeemos y nunca iremos más allá de lo que hablamos. La Biblia dice que de la abundancia del corazón, la boca habla, así que de lo que tenga en abundancia en mi interior es de lo que voy a llenar mi conversación.

El plan original de Dios, para ti y para mí, hombre y mujer, es que tengamos una economía de éxito. Ahora, hay una pregunta que te quiero hacer: ¿cómo hacemos para entrar en esa dimensión que Dios quiere, para que entendamos cuál es el estilo de vida diferente que Él quiere que tú y yo vivamos? Por eso hay una porción muy poderosa en el libro de Efesios 4:22-24, que dice: "En cuanto a la pasada manera de vivir, despojémonos del viejo hombre que está viciado conforme a los deseos engañosos y seamos renovados en el espíritu de nuestra mente, y vestidos de ese nuevo hombre creado según Dios, en justicia y en la santidad de la verdad".

Entonces, la primera pregunta que te quiero hacer es esta: ¿cómo está tu estilo de vida en este momento? Pero también quiero hablarte de que, si somos capaces de cambiar nuestra forma de pensar, muchísimas cosas buenas nos van a ocurrir.

Quiere decir que, si somos capaces de cambiar nuestros pensamientos, también lo hará nuestro estilo de vida y, al hacerlo, nuestra visión empresarial, sentido administrativo y realidad económica se van a ampliar; seguramente vamos a empezar a entender cuál es el plan de Dios para que cada persona alcance la prosperidad. Pensamientos positivos dan resultados positivos.

Siempre comento y comparto que nosotros debemos renovar nuestra mente de manera constante; pero no es solamente lo que yo piense o diga, también la Biblia dice que nosotros debemos estar renovando nuestros pensamientos constantemente. Con esta renovación me refiero a la mente, pero también a que seamos renovados a través del espíritu. Además, hablo de que debemos renovar nuestra forma de pensar sobre la vida. ¿Qué comportamiento tenemos en el hogar? ¿Qué responsabilidad estamos ejerciendo como padre y madre? Y, sobre todo, ¿cómo estamos desarrollando nuestra capacidad e información financiera?

Una estadística dice que el 57% de las personas no tienen ningún concepto de información financiera. También dice que sólo el 24% de los jóvenes de 20 a 38 años -llamados millenials- tiene conocimiento del concepto financiero. Esto quiere decir que el 76% no lo tiene. Viendo estas estadísticas, podemos entender por qué la situación económica está como está: endeudamiento, consumismo, materialismo; todo porque no se tiene una base clara de cómo funciona el dinero.

Otra pregunta por hacernos es: ¿Cómo está tu mayordomía, tu administración del dinero? ¿Qué clase de gerente eres? Porque es sumamente importante que entiendas lo que estás haciendo con lo que tienes, antes de que quieras seguir teniendo más. ¿Qué estás haciendo con lo que tienes?

En este libro te voy a hablar de las barreras culturales, relacionales, educativas, espirituales, emocionales, de identidad y de habilidades. Cada uno de estos temas está avalado por conceptos bíblicos, pero también te cuento historias que he vivido. En otras palabras, hay vida en cada uno de estos temas, de cosas que me han sucedido. No te conformes con la pobreza ni con la escasez, porque Dios tiene mucho más para cada uno de nosotros. Disfruta la lectura de este libro, pero más importante, practica los conceptos y los principios que a continuación te comparto.

Capítulo 1: Barreras Culturales

"Nuestra bandera no es sólo uno de muchos puntos de vista. La bandera es un símbolo de nuestra unidad".
Adrian Cronauer

En este libro deseo capacitarte, inspirarte y contarte parte de mi historia de vida. Mis padres son de la hermosa isla de Puerto Rico y fueron a Estados Unidos cuando apenas eran adolescentes. Se casaron y de su unión nacimos mi hermana Nancy, mi hermano Samy y yo, que nací en la ciudad de Manhattan, Nueva York, la capital del mundo.

Los primeros 9 años tuve una infancia especial; vivía en una zona de mayoría judía y nosotros éramos los únicos latinos. La razón por la que papá llegó a vivir a ese barrio fue que él trabajaba para ellos. A mi alrededor había sinagogas, escuelas y tiendas judías. Te podrás imaginar que crecí en un ambiente de mucha prosperidad.

A partir de los 9 años, experimenté mi primera lucha, ya que mis padres se mudaron a Centroamérica, y llegaron con nosotros a un país en el que, para empezar, sólo se habla español, mientras que yo sólo podía comunicarme en inglés. Fue así como la primera lucha que tuve que vencer fue la cultural, llegué a un país sin hablar el idioma, sin conocer las costumbres, la comida ni la gente y ahí estuve dos años, así que me vi obligado a aprender un poco de español y de cómo funciona esa región para adaptarme y vencer esta barrera cultural. Al hablar de esta barrera, me refiero a una gran gama de obstáculos como la brecha generacional, la laboral, la educativa, la del idioma, la alimentación, el vestuario, los deportes, la religión, la ideología y la mentalidad.

Al mudamos de Nueva York a Centroamérica, a Honduras, un país que estaba mucho más atrasado que Estados Unidos, en una ciudad en la que la luz se iba a las 11 de la noche, no había agua caliente, había mucha pobreza, el choque cultural que tuve a tan corta edad fue impactante, porque hasta los platillos que estaba acostumbrado a comer ya no los veía, y si lograba verlos eran demasiado costosos. Recuerdo que lloraba diciéndole a mi padre "¡Me quiero ir de aquí! ¡Yo quiero que nos vayamos!". Incluso cosas simples como el sabor de la leche -que era totalmente diferente- influía en la situación psicológica y emocional que tuve que atravesar. Sí era cierto que estaba con mi papá, mi mamá y mis hermanos, y que eso también de cierta forma aliviaba la presión, pero simplemente el caminar por las calles, ver polvo, piedras y niños vestidos pobremente, me hacía pensar: "¡Dios mío!, ¿qué es esto?" Nunca pensé que hubiera lugares así. Me tuve que enfrentar a todos los procesos que tienen que ver con la adaptación, pero realmente nunca me adapté, estaba acostumbrado a todas las comodidades que hay en Estados Unidos, a las marcas, la manera de vestir, la manera de relacionarme con los amigos, etc.

El hecho de que no hablaba español, obviamente representaba una barrera, porque no me podía comunicar con el resto de los niños que solamente hablaban ese idioma. No fue nada fácil adaptarme a todos esos cambios. Entonces mi padre me contrató un tutor para que me enseñara español. Recuerdo que cuando iba a la escuela, los niños me hacían burla, me decían "gringo", "americano". De cierta forma, yo viví también mi bullying porque no hablaba el idioma, o porque mi vestimenta o mi acento eran diferentes. Ahí aprendí un concepto muy importante que se llama "adaptación": entre más rápido te adaptes a algo, menos sufrirás; y, al contrario, entre más tardes en adaptarte, más sufrimiento encontrarás.

A los 11 años salí de Honduras de regreso a Nueva York. Me fui a vivir a la casa de unos familiares, aunque realmente no los conocía bien, no tenía relación con ellos; estuve en casa de mi abuelo, en la de mi tío, la de mi tía, y recuerdo que no tenía confianza ni siquiera de abrir la nevera, aún teniendo hambre. Recuerdo que mi tía me preguntaba si tenía hambre y sí, tenía. Pero por pena, porque no me sentía cómodo, me la aguantaba. Entonces, aunque ya estaba otra vez en la ciudad en que nací y me crié, la barrera cultural era que iba a distintas casas, en las que no sabía cuál era el sistema, no estaba acostumbrado a su manera de funcionar.

Fue tanta la presión que a los 11 años me independicé de mi familia, y quiero mencionarte lo difícil que fue para mí: ya no había papá, mamá y hermanos cerca. Y es que, a los 11 años, ¡eres un niño! Recuerdo que, aunque tenía mamá y papá, me sentía abandonado, huérfano, que no tenía a quién pedirle las cosas, tenía todo tipo de pensamientos de fracaso, de pobreza, de "esto no vale la pena", "qué sentido tiene la vida", "por qué esto me está pasando a mí". Y era mucha más presión cuando veía a otros niños que podían decir "papi, cómprame esto". Me preguntaba, "¿a quién le digo que me compre las cosas?". Viví muchísima limitación, y creo que todo eso, de cierta forma, me forjó para darme cuenta de que no quería esa vida, sino una diferente.

A los 15 años me fui con mis abuelos, que eran gente de negocios, a otra nueva cultura para mí, ahora llegaba a la isla de Puerto Rico. En Estados Unidos hay mucha comodidad. Es común, por ejemplo, el aire acondicionado, a diferencia de Puerto Rico – así era en ese entonces, ahora hay un poco más –. Me recuerdo sudando, los mosquitos me picaban, y yo decía: "no, no puedo vivir aquí", y menos cuando me había ido a Puerto Rico inicialmente a aprender negocios, con mis abuelos. Pero yo decía: "¿Quién vive aquí, con este calor y estos mosquitos?". Mi abuelo tenía aire acondicionado en su cuarto, mi tía también, pero yo no. Entonces me preguntaba: "¿Qué tengo que hacer para tener un aire en mi cuarto? ¡No puedo dormir!" Recuerdo que dormía con un abanico, y a veces me pasaba una hora espantando a los mosquitos, y decía: "¡Qué vida tan difícil es ésta! No puedo vivir un año así." ¿Cómo vivir un año así, si un día para mí era una eternidad? Y esas dificultades que tuve que vencer también me ayudaron a descubrir qué era lo que quería en el futuro. Me decía: "No, no, yo quiero una casa, un departamento con aire acondicionado. Yo quiero una cama grande, un Mercedes Benz, un BMW, una casa en el agua". Y la buena noticia es que, hoy, tengo todo eso. Pero cuando lo pensaba era muy lejano, me decía: "¡Eso está demasiado lejos, ¿cuándo podrá ser?"

Para aprender a hablar, escribir y leer español me tardé un año; ahora soy bilingüe, y recomiendo que todo niño, todo joven, aprenda al menos dos idiomas. Pero recuerdo ese año tan difícil que tuve en Puerto Rico. En la escuela lo mismo viví bullying, burlas, risas, mala pronunciación del español, todas esas cosas que se viven cuando uno está en un país diferente, cuando estás en una cultura diferente.

Otros aspectos que representaron cambios para mí son, por ejemplo, el poder adquisitivo, el vestuario, e incluso el entretenimiento. El deporte más popular en Centroamérica es el fútbol soccer, mientras que en Estados Unidos lo son el básquetbol, el fútbol americano, y el béisbol.

Y, por último, las diferencias en la ideología y la mentalidad. Se piensa totalmente diferente en Puerto Rico que en Centroamérica y en Estados Unidos. La mentalidad americana es "quiero llegar a lograr el sueño americano". Y ese sueño americano tiene que ver con adquisiciones y con bienes. Entonces cuando yo tengo la mentalidad del sueño americano, estoy pensando en un buen auto, una carrera profesional, en un departamento o una casa. Estoy pensando en la solvencia financiera, en tener ahorros, en estudiar una buena carrera profesional. Todo eso tiene que ver con mi sueño americano, que no necesariamente es un concepto tan arraigado en Centroamérica o en Puerto Rico. Todo eso es lo que constituye las barreras culturales.

La buena noticia es que, a los 19 años, me fui a Miami a hacer mis estudios universitarios, y ahí me independicé. Para entonces ya me había convertido en un sobreviviente, había aprendido el orden y las destrezas que mis abuelos me enseñaron del negocio. Aunque no lo eran, parecían militares en el sentido de orden y, por eso, cuando me independicé ya era un hombre de valor para la sociedad, un hombre organizado. Vine a estudiar la universidad y, al mismo tiempo, también trabajé, y a los 2 meses pude comprar mi primer vehículo. ¿Sabes cuál fue? Una bicicleta. Ese fue mi primer medio de transporte. Luego, a los 6 meses me compré un convertible que yo mismo pinté a brocha, me costó 600 dólares y pensaba que era el mejor auto del mundo. A los 3 meses de haberlo pintado me lo robaron. Entonces decidí dejar de comprar carros usados y de pintarlos, ya solo compraría carros nuevos. A los 2 años logré comprar el primero y así sucesivamente.

Ahora, ¿qué aprendí de todos los momentos difíciles que me tocó vivir?

Cuando vives en casita, donde mamá y papá te lo dan todo es como si estuvieras en Disney World, ¡qué rico! Pero La vida no es fácil hay que trabajar, y esforzarse. El tiempo que estuve con mis tíos y mis abuelos, me preparó para, a los 19 años, tener lo que necesitaba para independizarme y ser una persona disciplinada, que producía. También, de cierta forma, eso me ayudó para los años siguientes, porque a una edad temprana empecé a vivir el sueño americano y tener carro nuevo y departamento; viajaba, estudiaba y logré trabajar para buenas empresas.

No quiero que pienses que sólo voy a estar hablando de mi historia desde la perspectiva del dolor y de la escasez. También te quiero compartir lo que aprendí en este proceso. A veces la limitación, los cambios repentinos y las formas de cultura, te enseñan muchas cosas que no quieres aprender porque estás en medio del dolor, o simplemente mirando lo que no tienes y lo que deseas tener. Comparto contigo el valor que representaron los cambios culturales.

- **Adaptabilidad:** Esos 10 años me enseñaron esta habilidad que tú tienes que desarrollar, una destreza para los momentos difíciles. La adaptabilidad es muy importante, al igual que la flexibilidad. Las personas que no son flexibles y adaptables, verán muy reducidas las oportunidades en su vida.

- **Espíritu enseñable:** Es la habilidad de permitir a otros enseñarte y ser tus mentores. Es el deseo y voluntad de aprender; en otras palabras, es que una persona esté dispuesta o permita que otros la preparen y aumenten valor a su vida. Uno siempre debe tener un espíritu enseñable; cuando es así, la facilidad que tenemos para ser enseñados logra que, con el tiempo, esa enseñanza nos llegue a dar muchísimos dividendos. ¿Qué sería lo opuesto a tener un espíritu enseñable? Rebeldía. Una idea de "me lo sé todo, nadie tiene nada que enseñarme".

- **Coraje:** Durante ese tiempo también aprendí a desarrollar el coraje. "voy a vencer", "voy a lograrlo", "voy a salir de este momento", "voy a llegar a tener Libertad Financiera". Más allá de las cosas técnicas -que son importantes y tendrán su tiempo más adelante-, deseo que comprendas el valor de la adversidad cuando te enfrentas a situaciones contrarias a todo aquello a lo que estás acostumbrado. Con tantos impedimentos culturales, desarrollé el coraje que no te enseñan en ninguna institución educativa; el coraje es una cualidad humana, un sinónimo de valentía. Es la fuerza de voluntad que puede desarrollar una persona para superar impedimentos, sin miedo al fracaso, realizando acciones de valor, tanto por los demás como por uno mismo. En la Biblia lo encontramos como un sinónimo de dominio propio (templanza), es uno de los 9 frutos del Espíritu Santo y es una cualidad que debemos pedir a Dios. Una persona con templanza reacciona de manera equilibrada ante sus propias decisiones y deleites ya que goza de un considerable control sobre sus emociones y es capaz de dominar sus impulsos. Bien lo describe el sabio Salomón en Proverbios 25:28 "Como ciudad sin defensa y sin murallas es quien no sabe dominarse."

- **Disciplina:** Es la capacidad de actuar ordenada y perseverantemente para conseguir un bien o un objetivo. Te exige orden y lineamientos para poder lograr más rápidamente los objetivos que deseas, soportando las molestias que esto te pueda ocasionar. Hoy te hablo desde la perspectiva del ímpetu, los valores, la organización y la disciplina; ya te dije que tenía unos abuelos sumamente disciplinados y organizados, parecía que habían estado en el ejército. Logré utilizar todo este aprendizaje para fundar la American Military Academy en Pembroke Pines, Florida, una Escuela Militar muy exitosa para niños de 5 a 12 años.

¿Por qué recordé cada paso de mi infancia hasta los 19 años con las distintas situaciones adversas? Es un ejercicio que te invito a realizar, aunque no hayas enfrentado la barrera de la cultura, porque las personas contamos con un patrón de conducta y pensamiento que nos queda en el subconsciente sobre el dinero, y es importante identificar por qué piensas como piensas y qué produce en ti ese patrón. Uno de las factores que impactan nuestra relación con el dinero son las influencias de la infancia frente a todas las situaciones que vivimos, pero quienes más influyeron en nuestro patrón de conducta son nuestros padres, nuestro entorno, nuestros familiares, amigos, maestros, sacerdotes, pastores o quien estuvo al frente de la enseñanza religiosa y la cultura. En el caso de nuestros padres, tal vez dijeron muchas palabras que escuchaste permanentemente ("no hay dinero", "no lo podemos comprar", "esta es la vida que nos tocó vivir", "no hay para más", "debemos mucho dinero", "el dinero no nos alcanza", "hay que trabajar para comer", "esa comida es para ricos", "imposible comprar esos zapatos", etc.). Adicionalmente mostraron, con su ejemplo, una vida llena de sacrificios, trabajo y esfuerzo, pero de patrimonio, lujos y dinero, poco o nada.

Para transformar este patrón es importante mantener una renovación de la mente, como dice Romanos 12:2: "Y no os adaptéis a este mundo, sino transformaos mediante la renovación de vuestra mente, para que verifiquéis cuál es la voluntad de Dios: lo que es bueno, aceptable y perfecto." Así es, no te adaptes a la pobreza, la escasez, al "no puedo" ni al "no hay", sino que comienza a transformar tu lenguaje en todo lo contrario a lo que recibiste, mediante lecturas -especialmente la Biblia-, videos y audios que te permitan tener pensamientos de bendición, abundancia y prosperidad, porque ese es el deseo de Dios para todos.

Yo no sé en qué momento estás en tu vida hoy, pero te quiero animar, decirte que hay un futuro brillante para ti, y que aún en las adversidades puedes aprender muchísimas cosas de valor que te van a ayudar el resto de tu vida.

Fíjate cómo a una edad adulta pude implementar todas las lecciones de vida que tuve, y no sólo como experiencia de vida sino como un negocio, y he luchado con un lenguaje de prosperidad y bendición que es el motor para alcanzar cada meta que me propongo. Así que no todo es fatal, ni caos, ni el fin del mundo; hay cosas que vas a poder tanto aprender como emprender y utilizar para el resto de tu vida de adulto, no sólo en tus empresas y negocios, sino en tus relaciones interpersonales y en tu hogar. Porque tú, mujer u hombre, puede ser que ya tengas tu familia o estés pensando en formar una y todos estos conceptos, lo que estoy compartiendo contigo hoy, te va a ayudar en la formación de tus hijos, en tu hogar, en tu día a día, en el trato que vas a tener con tus clientes, con tus amigos, con tu familia. Así que, te animo. Los mejores días de tu vida no son los que has vivido, ¡son los que vas a empezar a vivir a partir de hoy!

Momentos de Reflexión

1. ¿Cuál sería tu entorno ideal?

2. ¿Cómo te afecta tu entorno actual?

3. Si cambias tu comportamiento, ¿crees que las personas que te rodean cambiarán el suyo? Si la respuesta es afirmativa, ¿de qué manera? ¿Qué te está deteniendo?

4. ¿Cuáles son tus pensamientos limitantes y recurrentes?

5. ¿Qué es lo que te impide ser realmente tú mismo?

6. ¿Quién serías si no tuvieras miedos ni límites?

7. ¿Qué recuerdo estás tolerando en tu vida que no te gustaría cargar más?

8. ¿Cuál es el tema más recurrente en el que vuelves a caer una y otra vez?

Capítulo 2: Barreras Relacionales

"Creo que dos personas están conectadas en el corazón, y no importa lo que hagas, o quién eres o dónde vives: no hay límites ni barreras si dos personas están destinadas a estar juntas."
Julia Roberts

Ahora hablaremos sobre las barreras que nos impiden avanzar en las relaciones humanas, también llamadas interpersonales.

Empecemos con dos dichos muy interesantes: el primero es "Lo que haces habla tan fuerte, que no me deja escuchar lo que dices"; el segundo: "No hay que derrumbar nuestros sueños, hay que derrumbar las barreras que nos impiden cumplirlos". Ambos nos hablan de las relaciones interpersonales.

Como seres humanos, tenemos que relacionarnos en el trabajo, la familia, el vecindario, la escuela, el supermercado, la iglesia y mucho más. En pocas palabras, dondequiera que vayamos tenemos que establecer una relación con las diferentes personas que estarán en contacto con nosotros. Existen factores que impiden que lleguemos a un correcto entendimiento en nuestras relaciones humanas y quiero mencionarte algunos de ellos:

1. **Falta de control de las emociones**. Cuando una persona demuestra mal humor, mala actitud o falta de cortesía, esto implica que no tiene control de sus emociones y crea barreras que impiden que las relaciones puedan desarrollarse.

2. **Agresividad.** Tiene que ver con cómo atacamos u ofendemos con palabras, gestos o coacción. Ésta es una manifestación de frustración.

3. **Poca capacidad de adaptación.** Siempre que evitemos cambiar con los tiempos permaneceremos atados al pasado; los cambios son inevitables, van a ocurrir, aunque yo no quiera. Por eso es importante que seamos adaptables a ellos.

4. **Terquedad.** Negarse a escuchar la opinión ajena, no aceptar las equivocaciones en

nuestro juicio, o en las ideas que hemos dado.

5. **Represión.** Negarse a comunicarse con los demás, a aceptar opiniones y consejos. El hecho de que muchas personas no sean abiertas es un problema, porque todo lo tienen encasillado en una caja y rechazan cualquier opinión y consejo fuera de ella, o evitan considerarlo.

6. **Aislamiento:** Apartarse o rechazar por cualquier causa el trato con los demás nos lleva a aislarnos, y esto dificulta la relación con la sociedad.

7. **Sentimiento de superioridad o inferioridad.** Tiene que ver con considerarte mejor o peor que los demás en cualquier aspecto, ya sea real o imaginario.

Cada persona ejerce influencia, que puede ser positiva o negativa, sobre un mínimo de 10 seres humanos. Entonces las relaciones son parte del diario vivir, y si no tenemos inteligencia emocional en ellas para desarrollarlas, simplemente vamos a quedarnos atrás.

Ahora, te voy a dar ejemplos de obstáculos o barreras que pueden impedir las relaciones:

1. **Escucha.** Es importante escuchar a las personas con las que tenemos relación, para asegurarnos de haber comprendido el mensaje de la mejor manera.

2. **Estatus.** A veces nos avergüenza el estrato socioeconómico en el que vivimos, no queremos que la gente sepa cómo o dónde vivimos y eso dificulta las relaciones.

3. **Prejuicios.** Juzgar a una persona sin tener suficiente información, lo cual suele ocurrir a partir de su apariencia.

4. **Superficialidad.** Tiene que ver con mostrar una cara falsa de la realidad y mostrar que somos superiores, que tenemos todo el conocimiento y sentir que valemos más que otros.

5. **Mentiras.** Algo que irrita mucho a las personas es saberse engañadas. La mentira normalmente tiene mucho que ver con el miedo y a éste hay que vencerlo para no dejar que te gobierne.

6. **Falta de empatía.** Nunca hay que olvidar lo importante que es ponerte en los zapatos de la otra persona, y mirar la situación desde su perspectiva.

7. **Actitudes negativas.** Personas que siempre se quejan, no viven el presente, se centran en las debilidades.

8. La rutina de vivir. Prácticas que con el tiempo se desarrollan de manera casi automática sin necesidad de implicar el razonamiento.

¿Cuántas nuevas relaciones construyes a la semana, al mes, o al año? Por ejemplo, yo trato de hacer 3 nuevas relaciones todas las semanas. Así, invito a desayunar, o almorzar o cenar a 3 personas que yo quiera conocer o con las cuales deseo relacionarme para ver qué posibilidades hay de tener nuevas alianzas de negocios; también personas con las que he notado que hay alguna situación de aspereza para encontrar una manera sensata de resolver los problemas. Les extiendo la invitación a un buen restaurante, yo pago y eso me permite hacer crecer mucho más esas relaciones.

En mi caso, si tomamos tres personas multiplicadas por 52 semanas, son ciento cincuenta y seis nuevas relaciones en un año, 1,560 relaciones nuevas en diez años. Las relaciones, sumadas a la influencia, te dan poder. ¿Qué es poder? Puedes hacer una llamada telefónica, y resolver un problema; ir al banco y que, en lugar de hacer fila, el gerente te reconozca, te llame por tu nombre, y te atienda personalmente.

Quiero compartirte que, en un artículo de Forbes, una de las revistas más prestigiosas y relevantes a nivel empresarial, escribieron 3 consejos para que tú puedas llegar a ser millonario. Muchas personas me preguntan qué hay que hacer para ser millonario, y yo les digo que, simplemente, necesitan tener un ingreso mínimo de un millón de dólares.

Estos son los tres consejos que la revista Forbes menciona: primero, el trabajo duro es una de las principales claves del éxito financiero. Hay una diferencia entre trabajar duro y trabajar hábilmente, pero antes de trabajar hábilmente, tienes que comenzar trabajando duro. En nuestro *Coaching College* y nuestra *Escuela Empresarial* enseñamos que tú no puedes trabajar más de 22 años: 15 duramente y 7 hábilmente.

El segundo consejo es que nadie se hace millonario de la noche a la mañana, a menos que se haya heredado una fortuna. Si tú eres esa persona, te felicito: ahora estás en otra posición, que es cómo hacer que esa fortuna crezca, se multiplique, y no simplemente sirva para que vayas de una manera exorbitante a gastar todo el dinero, sin tener una manera de multiplicarlo.

El tercer consejo que el artículo nos da es: "Aumenta tu potencial de ganancia". ¿Cómo vas a hacerlo? Recuerdo que, desde muy joven, yo pensaba en la diversificación de ingresos. Entonces trabajaba a tiempo parcial mientras estudiaba, pero también tuve otras ideas. Por ejemplo, vendía pan y dulces en mi vecindario. Era muy sencillo, porque cada vez que los niños querían dulces o pan, iban a tocar a mi puerta. Te estoy hablando de cuando apenas tenía 8 años. Entonces, ya había algo en mi ADN de emprender, querer ser empresario. Cuando empecé a trabajar ya tenía ese ingreso, más las ideas que me venían surgiendo de la creatividad. El artículo menciona que debes tener innovaciones, creatividad y pensar cómo puedes desarrollar el potencial de tus ganancias, obviamente, desarrollando también el de tus ingresos.

Un consejo adicional es: "No gastes de más". Dicen que todos los que han llegado a millonarios, tuvieron que desarrollar un autocontrol en sus gastos. Es imposible avanzar en el mundo financiero, el de la inversión y el ahorro si no tenemos esa habilidad. Cuando gasto menos de lo que ingresa, voy a ahorrar automáticamente. Ese dinero puede ser invertido y multiplicado. Miren qué concepto tan lindo: no es que no gastes, porque hay gastos fijos necesarios; de lo que estamos hablando es de tener control del gasto, y que el dinero que íbamos a gastar en algo que realmente no necesitamos lo ahorremos para que sirva como punta de lanza de inversión y de multiplicación.

Un último consejo que comparto: "Es momento de invertir. Ahorra todo el dinero que puedas, tan pronto como lo puedas hacer".

Resumiendo estos consejos para ser millonario, primero hay que trabajar duro. Después hay que pensar en cómo potencializar los ingresos, y tener cuidado con los gastos. Una vez que tengo ahorros puedo empezar a invertir, lo cual no es posible sin capital.

A veces las personas piensan que, cuando hablamos de capital, son cientos de miles de dólares y no. Una persona puede ir apartando poco a poco hasta tener un capital para inversión, sin hablar de cantidades exorbitantes ni fuera de nuestro alcance.

Ahora, ¿quieres saber la manera lenta, pero segura, para lograr nuestro cometido de lograr independencia y libertad financieras? Te voy a dar algunos tips desde mi experiencia. Emprender, llegar al éxito, y mantenerte ahí nunca ha sido fácil. Así que vamos a empezar por ahí. No te compliques la vida pensando que serás millonario de la noche a la mañana, ni pensando que nunca podrá suceder.

Siempre mantén el esfuerzo y el ahorro. Recuerda que los gastos se dividen en productivos y consumidores. Los consumidores hacen gastar todo tu dinero, pero los productivos lo hacen crecer. Dentro de los gastos productivos, sólo hay dos tipos: ahorro e inversión.

Siempre vive al grado de tus capacidades. Todos tenemos virtudes, destrezas y talentos. Cuando vives debajo de ellos, obviamente no puedes llegar al lugar que marca tu potencial. Así que, intencionalmente, debes decir: "soy una persona expuesta a capacitaciones, invierto en mi presente para tener un buen futuro; y quiero vivir al nivel de mis capacidades para maximizarlas".

Aprende a declarar impuestos. Empieza a evolucionar como inversionista. ¿Qué es un inversionista? Una persona que va a emprender para tener más de un ingreso. Ya te mencioné que no necesitas tener grandes cantidades de dinero para comenzar a invertir; se comienza pequeño y luego se va creciendo poco a poco.

Empieza a actuar como un líder. Hay una gran diferencia entre un jefe y un líder. El jefe es el que manda y lo hace todo. El líder es el que desarrolla, tiene un equipo, y contagia a otros de la pasión o de la visión necesarias para cumplir las metas.

Nunca se ha escrito nada de las personas cobardes, pero tampoco de las personas lentas. Hay una frase de uno de mis amigos, el pastor Cash Luna, de Guatemala, que dice: "nunca pierdas por lento".

Diversifícate, pero enfócate. Si no hay enfoque es imposible lograr, y la diversificación es no poner todo el dinero en una sola canasta. Busca diferentes fuentes de ingreso.

Ahora, yo te mencioné que podemos ir seguro, aunque sea lento, para poder llegar al sueño de la libertad financiera; acuérdate de que, en este mundo, las relaciones interpersonales te van a ayudar muchísimo, van a cortarte el camino con la gente clave. Así que voy a emprender seguro, pero paso a paso.

No te obsesiones con el dinero. El dinero no es algo para amar; es un recurso, un poder de intercambio. Al obsesionarte con el dinero lo conviertes en tu dios, y no queremos gente materialista, sino gente exitosa y próspera que sabe qué hacer con el dinero, y por qué Dios le ha bendecido con éste.

También te doy otro consejo: comienza a registrar a todas las personas que has ayudado, aunque sea en algo pequeño. ¿Por qué? Porque estamos hablando de relaciones interpersonales, y el registro de cuántas personas has ayudado, te va a permitir ser una persona dadivosa, generosa y compartida que, a la medida que Dios te va dando más, sigue ayudando a aquellos menos afortunados.

También quiero hablarte del poder que hay en las palabras. Tienes poder en tus palabras para la vida, como para la muerte. Para bendecir, como para maldecir. Así que cuida mucho cómo estás utilizando la lengua.

Hacer dinero es una forma de vivir, pero hay dos tipos de personas: las que hacen las cosas porque quieren más dinero y las que quieren hacer dinero porque les permite hacer más cosas, no solamente para ellos, sino también para otros. El primer tipo de persona está estacionada en el egoísmo, mientras que, en el otro caso, las cosas que se pueden hacer con el dinero implican compartir y ayudar al prójimo.

Te aconsejo convertirte en un experto, en especialista. Tengo una amiga de Colombia, experta en mercadeo digital, que sabe de arte gráfico. Como lo he mencionado en otras ocasiones, yo conozco muchas empresas de mercadeo, pero muy pocas que saben mercadear para monetizar, que son estrategas de adelantar y crecer tu negocio. Ella se ha convertido en una experta en ese tema y ha encontrado la forma de obtener ganancias sin límites.

En cierta ocasión entrevistaron al señor Walt Disney y dijo: "No hacemos películas para ganar dinero. Ganamos dinero, haciendo películas". En otras palabras, es hacer algo que pueda bendecir y traer provecho a la humanidad; y haciendo eso, entonces, generar dinero.

Otro consejo que te doy es hacer una lista de 10 personas que admiras y preguntarte qué hacen, qué los llevó al éxito, qué puedes aprender de cada una de ellas.

No puedes olvidarte de tener un seguimiento de tu progreso: cómo voy mejorando, cómo hice este mes, el mes pasado; cómo voy dentro de las aspiraciones y las metas que me he propuesto para este año, cómo va mi emprendimiento.

El último consejo que te doy es este: cuídate de caer en las trampas de la deshonestidad y la falta de integridad, porque tarde o temprano la vida te pasará la factura.

Circulos que frecuentamos

Primero está el círculo de la familia, después el del trabajo, el de la educación, el social, el de la pareja, el mundo en el que nos desenvolvemos, en el que trabajamos, y el recreacional. Puede haber muchos más, pero vamos a hablar de estos. Desde mi punto de vista, mi experiencia y conocimiento, te recomiendo asociarte en círculos que te provean información, que te potencialicen; que estén en el mundo en el que tú estás emprendiendo, que en el mundo empresarial suman y no restan; entonces, es muy importante que hagas una evaluación de cuáles son los círculos en que te mueves. ¿De qué círculo estás absorbiendo? Y obviamente, dentro de éstos puede estar el círculo de los tóxicos, los deshonestos, los vagos, los viciosos, de las personas que me restan en vez de sumar.

Recuerda siempre: huye, corre intencionalmente de todas las relaciones tóxicas, compáralas con veneno; todos nos cuidamos cuando vemos una serpiente, porque no estamos seguros si es venenosa, muchísimas serpientes lo son. Cuando escuches la palabra tóxica, quiero que siempre te recuerde la culebra venenosa; una persona que sea tóxica es negativa, viciosa, no tiene aspiración; critica, no tiene metas, desconoce su propósito de vida. Entonces, cuando identifiques que estás en una relación o en un círculo de personas tóxicas, tienes que salir huyendo.

Pero, cuando veas una persona que es lo opuesto a tóxica, honesta, trabajadora, luchadora, respetuosa, que cada día va subiendo la escalera del éxito, que comparte sin problema alguno, ¡no te separes de ella!. Hay veces que nos encontramos con personas que tienen conocimiento o experiencia de vida mayor que la que tú y yo hemos tenido, y qué lindo es poder decirles: "Estoy aquí, a tus órdenes, para ayudarte, ¿qué puedo hacer por tí?". Espero que tú puedas tener siempre esa actitud de agradecimiento, de no solamente pensar: "Dios quiere bendecirme", sino que seas un canal para bendecir a otras personas.

Deseo que en este capítulo aprendas que las relaciones son tan importantes como parte de tu patrimonio, porque es por medio de las conexiones que vas logrando escalar y cerrar negocios de alto nivel. Haz de la construcción de relaciones un hábito. Aquí te dejo consejos valiosos:

1. El primer y más sabio consejo es que pidas cada día a Dios encuentros guiados por Él. Tal vez no sabes cuántas conexiones divinas tiene preparadas Dios para ti, así que pide, búscalas y déjate sorprender como lo he hecho yo.

2. Busca relaciones inicialmente dentro de tu círculo de influencia; estoy hablando de las personas con quienes estás en contacto continuamente: logra que ellos te conecten con sus mejores prospectos.

3. Sé amigable, exhala amabilidad, sonríe. Recuerda que el lenguaje corporal es muy importante porque habla por sí solo, por lo tanto, que las personas noten que eres accesible a ellos, haz que las personas sientan que les agrada verte.

4. Acércate a las personas en tiempos de alegría, pero también en los de tristeza. Con tus clientes, empleados, proveedores, contactos en general, se una mano amiga, alguien que no sólo aparece cuando necesita algo sino a quien le importan realmente las personas.

5. Activa el sentido del humor. La mejor manera de hacerlo es reírte de tí mismo. Siempre procura mirar el lado amable de las cosas, sonríe.

6. Concéntrate en la otra persona, dale un lugar especial. Al conectar con alguien, mírale a los ojos, extiende tu mano primero

y saluda con entusiasmo, hazle saber cuan interesado estás en esa persona y lo importante que es para ti ese momento.
7. Aprende a escuchar antes que hablar, esto te dará herramientas para dar respuestas o realizar preguntas inteligentes que te pondrán en un lugar de atención con tu receptor.

En este capítulo te he compartido varias fuentes que puedes comenzar a practicar y cultivar para llegar a la meta de tener una vida próspera y llegar a esa soñada libertad financiera, pero no solamente para que tú y los que están a tu alrededor estén bien, sino para convertirte en agente de cambio para ayudar a toda la gente que viene a tí con necesidad.

Al terminar de leer este capítulo, una de las primeras cosas que tienes que hacer es decidir a cuántas personas nuevas quieres conocer cada día, semana, mes o año, para no solamente dar por gracia de lo que por gracia has recibido, sino también contribuir a la sociedad, a la comunidad, con lo que Dios te ha dado; vas a sentirte muy satisfecho de esa oportunidad que Dios te da de emprender, de utilizar tus relaciones humanas para bendecir a otras personas, siempre y cuando lo estés haciendo desde el corazón y desde el punto de concientización de que nuestra misión en la vida no es solamente almacenar ni sólo disfrutar, sino también buscar el bien de los demás y compartir con otros tus bienes.

¡Llegó tu año para avanzar, para conquistar. Declaro que éste será el mejor de los años que jamás has vivido!

Momentos de Reflexión

1. ¿Qué es lo que más te gusta y lo que menos te gusta de la manera en que te relacionas con los demás?

2. ¿Qué aportas a tus relaciones interpersonales? ¿Qué más podrías aportar?

3. ¿Qué miedos tienes al interactuar con personas que no conoces? ¿cómo lo puedes mejorar?

4. ¿Cuántas nuevas relaciones para tus negocios conectas al mes?

5. ¿Cuál va a ser tu plan de conexión a partir de ahora? Trabaja sobre una agenda, citas, teléfonos, correos, lugares de invitación. ¡No olvides mantener siempre una imagen personal impecable con toda la información importante para tu contacto!

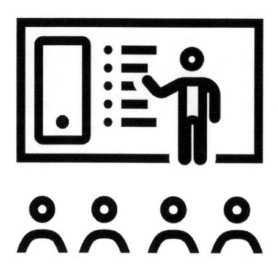

Capítulo 3: Barreras Educativas

"No tenemos que derrumbar nuestros sueños, hay que derrumbar las barreras que nos impiden cumplirlos."

Cuando hablo de la barrera de la educación, me refiero a qué cosas te han limitado el acceso a la educación y a sus oportunidades. Dependiendo en qué país se encuentra, con qué recursos financieros cuenta, cuánto compromiso está dispuesto a tener, qué le motiva y qué es lo que realmente quiere lograr, todo niño desde pequeño tiene una inclinación a ciertas carreras o vocaciones.

¿Cuál es tu aspiración y propósito de vida? Y, por otro lado, ¿cuál es la habilidad que tienes? Porque hay quienes quieren ser contadores, pero no son hábiles con los números; hay gente que quiere dedicarse a la medicina, pero no puede ver sangre. Así que no solamente hay que saber cuál es la motivación que tienes para estudiar sino también preguntarte cuál es tu aspiración de vida y cuáles tus habilidades y capacidades.

De niño fui a una escuela muy buena en la ciudad de Brooklyn, Nueva York. Había pocos niños en las aulas, eran unos 15 y todos prestaban mucha atención a los profesores; se ubicaba en una zona judía y estaba clasificada como escuela de alto rendimiento educativo. Toda esa educación era en inglés y yo recuerdo que, yendo a esa escuela del primero hasta el cuarto grado, todo era fantástico. Me encantaban las instalaciones, los compañeros, el hecho de que mis padres estaban involucrados en mi educación. Cuando entré a la adolescencia, me di cuenta de que había cambiado esa bonanza que había experimentado anteriormente, porque ahora me tocaba estudiar en Puerto Rico; mis estudios eran en español y no en inglés y, además, había otras situaciones. Por ejemplo, las escuelas en Puerto Rico eran totalmente diferentes a las de Nueva York y la motivación para estudiar se había quedado con mis padres. Entonces vi los retos que tenía frente a mí como adolescente. Llegué a Puerto Rico a los 15 años y permanecí ahí durante 4 porque a los 19 me mudé al estado de Florida y me independicé.

Ahora tenía un nuevo reto, que era trabajar y estudiar. No solamente eso, sino que no estaba seguro de qué carrera estudiar y ahí empezó mi dilema. Usualmente en las universidades de Estados Unidos tú puedes estudiar el primer año tomando las clases como requisito llamado post preparatoria, pero cuando vas a terminar el segundo año, ya debes haber decidido la carrera que deseas estudiar. Entonces, no solamente tenía el reto de trabajar, el de estudiar y el de vivir solo; tenía además la incertidumbre de "¿qué estudio?" "¿Para qué soy bueno?". Recuerdo que inicialmente yo deseaba ser médico, me gustaba esa profesión y poder ayudar a la humanidad. Empecé a estudiarlo, pero rápidamente me di cuenta de que para ser médico uno debe ser excelente en ciencias y matemáticas, estar dispuesto a ver sangre y ese tipo de situaciones. Rápidamente me di cuenta de que no tenía esas destrezas y habilidades, y cambié a la parte empresarial, la de emprendedor; me encantaban las leyes, no me gustaba ver injusticias, así que decidí encaminarme hacia el área de Recursos Humanos y Leyes Laborales.

Como adulto, la educación era otra situación, porque no solamente existía el reto de educarme sino el hecho de que regresé a estudiar nuevamente en inglés y ahora, como vivía solo, tenía que combinar mis ocupaciones: primero trabajar para poder subsistir y después estudiar.

Llegué a Miami a seguir mis estudios universitarios y comenzaron otros retos: ¿Cómo voy a emprender? ¿Cómo voy a pagar los estudios? ¿Quién me va a motivar? Cuando no sepa algo, ¿quién me va a ayudar? Gracias a Dios que después uno toma el ritmo. Yo estaba comprometido conmigo mismo, y a los 2 años me gradué de la universidad, luego otra vez a los 4 años, y después nuevamente a los 7 años, cuando obtuve mi maestría. Y eso servía como peldaño de motivación, yo decía: "Sigo adelante, siempre adelante". No solamente decidí graduarme en lo profesional, sino que también hice estudios teológicos. Ahora tenía el reto de que, además de mi trabajo y mis estudios en la universidad, iba al instituto bíblico, donde saqué mi bachillerato en teología. Ahora veo que la vida de estudio nunca termina, porque comienzas a estudiar cuando eres niño, sigues cuando eres adolescente o joven, y luego cuando eres adulto para poder terminar tu profesión, especialmente si estás combinando el trabajo como un medio de sostén con la carrera.

Luego de haberme graduado de la universidad y de la escuela teológica, seguí estudiando, porque, otra vez, uno nunca termina de hacerlo; ahora no lo hacía por la necesidad de una profesión ni de tiempo completo, sino a tiempo parcial, para mantenerme informado y actualizado. Estudiar me ha servido para aprender estrategias, adquirir conocimiento y cierto tipo de tecnología, lo que es relevante, estadísticas etc. Tú nunca terminas de aprender. Uno siempre está listo para aprender y la vida te demanda que estés por lo menos actualizado.

Obviamente cuando tienes ese reto de trabajar y estudiar para poder sufragar tus gastos y, al mismo tiempo, pagar la universidad, se te suman y debes tener un alto compromiso. Es imposible que puedas avanzar y tener éxito en la educación como adulto, especialmente si estás trabajando, si no tienes un serio compromiso contigo mismo primero, y luego con tus estudios.

Como adolescente, y luego ya de adulto, tuve que tomar la decisión de sacrificar los fines de semana. Trabajaba de lunes a viernes y, además, estudiaba cuatro noches a la semana. Muchas veces los semestres incluían sábados y, entonces, mientras otras personas de mi edad tenían un fin de semana social, yo prácticamente no tenía ese lujo porque debía estar estudiando en la biblioteca, haciendo tareas o exámenes. Este era el panorama: de lunes a viernes trabajando, cuatro días a la semana yendo a la escuela y sacrificando por años los fines de semana.

Siempre había conocido personas que habían tenido mucho éxito con la educación. Pero más importante aún era el resultado luego de haberse graduado, la educación le había abierto muchas oportunidades a cada uno de ellos.

Lo que hace la educación es darte nuevas oportunidades, además de la información que puedes utilizar para desarrollar tu carácter. La educación puede ayudar, pero eres tu quien finalmente decide si vas a aprobar el grado, si vas a estudiar o si vas a ser aplicado. Entonces yo buscaba estudiar, primero porque quería adquirir nuevos conocimientos, pero también porque estaba buscando las diferentes oportunidades que la educación te brinda.

Cómo vivía solo, la principal motivación que tenía era yo mismo. Yo era quién debía decir "tengo que salir adelante en mi trabajo, ser exitoso en mis estudios". No siempre era fácil, muchas veces pensé en tirar la toalla, pero ahí es donde entra la perseverancia y las preguntas:

¿A qué aspiro realmente en la vida? ¿Cómo estos estudios me van a ayudar a cumplir con mi propósito?". Para mí, los primeros dos años no fueron fáciles. Por eso te puedo decir que nada que tú comiences por primera vez va a ser fácil. Pero nunca te des por vencido.

Durante mis 4 años de universidad, los estudios eran más rigurosos, las tareas más demandantes, así que fue más difícil aún. Una vez que terminé esos primeros 4 años pasé a estudiar mi maestría en negocios. El estudio era más demandante porque ahora yo viajaba, debía resolver problemas en el trabajo, y los estudios a nivel de maestría son mucho más costosos, más difíciles, porque ya no te ponen tanto a hacer exámenes, sino a hacer proyectos de investigación donde tienes que pensar y resolver problemas, es mucho más complejo.

Pero qué rico sentí cuando, después de todos estos años, tuve estos esfuerzos premiados. Recuerdo que cuando anunciaron que yo era candidato para la graduación con altos honores, sentí que todos los sacrificios y todo lo que había hecho valió la pena.

Nunca se me va a olvidar ese gran día de graduación, el momento cuando me puse la toga, esperaba escuchar mi nombre. Era como un recuento, como si estuviera viendo una película, pensando en todo lo que tuve que atravesar para ese día ver premiados todos mis esfuerzos, el sacrificio y las inversiones financieras.

Después de ese día empecé a recibir ofertas de trabajo de diferentes empresas e identifiqué cuatro cosas:

- Mis talentos
- Mis habilidades
- Mis dones
- Las cosas que valoro

Haciendo un recuento, al terminar mis primeros dos años de universidad todo me ayudó para lograr mi primer trabajo, y así empecé a escalar y a entrar al mundo gerencial, al de los negocios. Me di cuenta de que tenía cierta habilidad para los números, para los negocios y para hablar en público. También vi que era una persona extrovertida, tenía otra habilidad importante que es el hablar dos idiomas, además de que no me da pena hacer nuevas amistades, romper el hielo y todo eso fue sumando y ayudando a mi propósito de vida.

Luego viene el don, que obviamente tiene que ver con el aspecto espiritual, ¿cuál es el llamado que sientes que Dios tiene sobre tu vida? Y luego, cuáles son los valores que tienes en la vida, tales como la integridad, la honestidad, la perseverancia, la valentía.

Así que, pensando en las barreras de la educación, siempre te vas a enfrentar a obstáculos, a situaciones difíciles que van a estar frente a ti. La pregunta que tienes que contestarte es: ¿cuánto realmente quiero lo que quiero, y cuáles son mis propósitos y mi aspiración en la vida? Porque muchas de las personas que van a la escuela no saben qué van a estudiar, y se vale. Si en los primeros dos años no te queda claro qué quieres estudiar, es válido que digas: "voy a hacer todos los prerrequisitos y, al terminar mi primer año, máximo el segundo, voy a decidir cuáles son mis destrezas y habilidades, lo que me gusta hacer, y entonces ahí voy a elegir la carrera que quiero estudiar".

A ti, amado lector, te quiero decir que es gratificante y duro compartir esta historia. Yo aconsejo a todas las personas: "aprovecha y edúcate". Recuerda que la educación te va a abrir nuevas puertas y oportunidades.

Hoy llegó tu tiempo de emprender, de valorar lo que tienes a la mano, pero más aún, valorar todas las oportunidades que Dios te ha dado. Y muchas de esas oportunidades tienen que ver con la educación. La educación te prepara, te da información, conocimiento, recursos y te adelanta. ¡Qué sabroso es ver a un hombre o una mujer que lee, que se prepara! Porque todo el mundo va a saber que su vocabulario es rico, que domina varios temas; así que yo te recomiendo la educación, en cualquier aspecto, y espero que tú, al leer estas páginas, puedas ser retado, desafiado, pero también motivado a seguir estudiando.

Así que, a ti que me estás leyendo, seas joven, niño o adulto, te recomiendo que en cada etapa entiendas por qué se estudia, cuáles son los beneficios de la educación; y también que, en cada parte, dependiendo de tu etapa de vida, te mantengas actualizado; recuerda que siempre digo que estudiar te va a abrir nuevas puertas. Las puertas que se abran te van a llevar a tu propósito de vida.

Hoy yo te aconsejo que tomes la gran oportunidad que tienes de adelantarte. El estudio te va a impulsar, te va a abrir nuevas puertas. No necesariamente te va a hacer millonario, pero lo que aprendas lo podrás poner en práctica. Muchas de las cosas que hoy estás disfrutando llegaron porque la puerta de la educación se te abrió y tú decidiste entrar por ella.

En este capítulo te he estado mencionando la importancia de saber cuál es tu propósito de vida. Hay personas que transitan por el camino y no saben cuál es ese propósito. Se vale si tú no lo sabes, pero no puedes pasarte toda la vida así porque puedes perder mucho tiempo en el camino. Entre más pronto lo puedas descubrir y entender, mucho mejor.

Yo te quiero ayudar a que consigas y encuentres tu norte, y te voy a decir aquí una de las cosas que te pueden ayudar para que descubras cuál es tu propósito de vida.

1. ¿Cuáles son las cosas que te apasionan?
2. ¿Qué habilidades tienes?
3. ¿Qué tan comprometido estás para que tu pasión y tus habilidades puedan materializarse?
4. ¿Cuál es tu aspiración empresarial, profesional y espiritual?

Ahora te voy a hablar de habilidades que yo tuve que desarrollar para tener éxito en el aspecto educativo, y adquirirlas es un precio que vas a tener que estar dispuesto a pagar para obtener el resultado y llegar a la meta de lo que deseas en la vida:

1. **La disciplina:** Si no somos disciplinados, va a ser muy difícil que podamos obtener cualquier cosa en la vida.

2. **El hábito de la lectura:** Va a ser sumamente importante, no solamente cuando estudies, sino aún cuando ya hayas terminado de hacerlo; si no tienes hábito de lectura, te será muy difícil avanzar, estar al día, salir adelante, hacer los estudios, los proyectos de investigación, etc.

3. **El compromiso para lograr lo que te propones:** no solamente unido al compromiso, sino también el coraje. ¿Qué tiene que ver el coraje? Estar dispuesto a avanzar, a hacer sacrificios para llegar a la meta. Todo eso es importante, porque tu compromiso y tu coraje te van a permitir salir adelante cuando quieras tirar la toalla.

4. **El liderazgo:** tú no puedes dirigir a otras personas cuando no puedes dirigirte a ti mismo. Es sumamente importante que, antes de querer liderar a otras personas tengamos control sobre nosotros mismos.

5. **Las relaciones interpersonales:** son sumamente importantes, porque si vas a ser una persona que quiere emprender, dirigir otras personas y manejar un negocio, vas a tener que empezar a desarrollar tu círculo de influencia de relaciones. Puede ser que me digas que eres muy tímido y, como tal, tienes reducidas las

oportunidades. Te quiero decir que uno puede vencer la timidez, es un proceso; tú puedes emprender, avanzar, llegar a tu meta, y descubrir y realizar tu propósito de vida.

Es sumamente frustrante en la vida tener cierta edad y no saber por qué estás en el planeta Tierra, no haber definido cuál es tu propósito de vida, cuál es la carrera o vocación que quieres ejercer.

Te voy a dar una estadística sorprendente: al 85% de las personas que trabajan, no les gusta lo que están haciendo. Si estas en el otro 15%, ¡te felicito! Pero si estás en el 85%, cuanto antes sal de ahí: lo peor del mundo es ir a un trabajo donde vas a pasar ocho o diez horas de tu tiempo en un lugar donde no deseas estar. Si es tu caso, deseo que al terminar de leer este libro pases al otro 15%. deseo que hagas lo que te apasiona, que te encante; es más, se ha dicho que cuando te encanta lo que haces, ni siquiera lo consideras un trabajo. Imagínate levantarte en las mañanas pensando: "yo quiero hacer eso, añadirles valor a las personas, ser esa persona que pueda sembrar y marcar una diferencia en los demás".

Así que ahora, habiéndote mencionado eso, una de las cosas que hago como legado, y que tiene que ver con la barrera que tuve que vencer educativamente, es que ahora tengo 5 empresas educativas. Una de ellas se especializa en que obtengas recursos, estrategias y herramientas para emprender, ya sea en tu vida personal, empresarial, financiera y hasta la espiritual. En la educación, los cambios son inevitables, pero crecer es opcional. Van a venir cambios a tu vida que, si no los quieres aceptar, harán que te quedes atrás.

Así que hoy tienes frente a ti, en este capítulo, una gran decisión para tomar: ¿quieres cambiar con los tiempos, actualizarte, crecer y estudiar para poder ser una mejor persona, tener mejores oportunidades en la vida, mejores ingresos financieros? ¿Te vas a rehusar a crecer, vas a rechazar los cambios, y entonces a quedar obsoleto en el sentido de información, de conocimiento, y de lo que está ocurriendo actualmente en el mundo?

La Educación Emocional

Clyde DeSouza dice: "Es sorprendente como, una vez que la mente está libre de la contaminación emocional, la lógica y la claridad emergen."

Un tema que debes conocer para tu crecimiento personal, liderazgo, y para alcanzar tu libertad financiera es algo que no enseñan en colegios ni en universidades: la educación en la inteligencia emocional. Hoy en día observamos cómo se convierte en parte fundamental de nuestro proceso de vida, y muchos consideramos que es el eslabón que le falta a la educación convencional para tener un equilibrio entre lo intelectual y lo emocional. Particularmente considero que, si se impartiera desde la infancia, tendríamos personas de alto rendimiento a todo nivel. Sin embargo, aunque no la enseñen y sabiendo que es una de las herramientas más poderosas para alcanzar libertad financiera, la noticia es que depende de tí aprenderla; es decir, la única barrera la pones tú.

Pero ¿qué es la inteligencia emocional? Si bien son muchos los autores que han trabajado este concepto, es originalmente atribuido a Salovey y Mayer en los años 90. Según ellos, la inteligencia emocional consiste en la habilidad para manejar los sentimientos y emociones, discriminar entre ellos y utilizarlos para dirigir los propios pensamientos y acciones. En otras palabras, es la capacidad para identificar, entender y manejar las emociones correctamente, de un modo que facilite las relaciones con los demás, la consecución de metas y objetivos, el manejo del estrés o la superación de obstáculos. ¿Ahora ves la importancia de la inteligencia emocional para superar la barrera de la educación? Podría decirte que la inteligencia emocional se basa en los siguientes principios, según Gómez en el 2000:

- **Autoconocimiento.** Capacidad para conocerse uno mismo, saber los puntos fuertes y débiles que tenemos.
- **Autocontrol.** Capacidad para controlar los impulsos, mantener la calma y no perder los nervios.
- **Habilidades sociales.** Capacidad para relacionarse con otras personas, ejercitando dotes comunicativas para lograr un acercamiento eficaz.
- **Asertividad.** Saber defender las propias ideas respetando las de los demás, enfrentarse a los conflictos en vez de ocultarlos, aceptar las críticas cuando pueden ayudar a mejorar.
- **Automotivación.** Habilidad para realizar las cosas por uno mismo, sin la necesidad de ser impulsado por otros.
- **Empatía.** Competencia para ponerse en la piel de otros, es decir, intentar comprender su punto de vista o situación.

- **Proactividad.** Habilidad para tomar la iniciativa ante oportunidades o problemas, responsabilizándose de los propios actos.
- **Creatividad.** Competencia para observar el mundo desde otra perspectiva para afrontar y resolver problemas.

¿Qué desarrolla en nosotros la inteligencia emocional? Considero que todas las experiencias vividas donde tomamos decisiones sabias e inteligentes, más la reflexión de nuestros fracasos, forman parte del aprendizaje emocional y nos hacen más sabios, así que valora tu historia. Aquí deseo hacer énfasis en la meditación y reflexión de lo sucedido; es necesario a diario tomar una pausa y pensar cómo nos fue en el día, qué resultados obtuvimos y cómo podemos mejorar,

Mi mentor John Maxwell dice en la ley de la reflexión que, para crecer, necesitas aprender a hacer una pausa. Toma tiempo para reflexionar sobre lo que estás aprendiendo de tus experiencias. Darte el tiempo para un pensamiento profundo asegura que estás en el camino correcto. Trabaja entonces de manera intencional en el crecimiento de tu inteligencia emocional y desarrolla:

1. Mayor nivel de empatía
2. Más de confianza

3. Motivación sostenida
4. Adaptabilidad a los cambios
5. Ejecución de alta calidad
6. Incremento de ganancias financieras

No quisiera acabar este capítulo sin hablarte de los hijos: El futuro del mundo. Me preocupa, siento dolor, cuando visito aulas de clase en diferentes planteles educativos, o cuando hablo con niños, y me hago estas preguntas, que quiero compartir contigo: ¿qué clase de educación están recibiendo nuestros niños? ¿Qué tipo de información están recibiendo en cuanto al manejo del dinero, al emprendimiento, a la sexualidad, a nivel espiritual?

Te voy a mencionar lo que yo estoy haciendo, y quiero que te unas a esta iniciativa. Próximamente estará saliendo mi libro "ABC: manejo del dinero para niños y adolescentes", con el que deseo dejar semillas en la vida de los niños y adolescentes, entendiendo que estamos viviendo en tiempos muy difíciles. No solamente hay caos educativo, una situación bastante delicada, sino que la pregunta es como padres, ¿qué estamos haciendo en el hogar, a favor de nuestros hijos, y a favor de esta generación que es el futuro del mundo?

A propósito, te quiero mencionar que hay tres preguntas muy importantes a las que debes de estar atento y claro.

1. ¿Cuánto le has enseñado tú, madre o padre a tus hijos, respecto al manejo del dinero? Es importante que, a la edad de 5 años, ya empecemos a cultivar esos principios y hábitos del manejo del dinero: cómo compartir el dinero, cómo ahorrar, los regalitos de los hermanitos, la navidad, el día de la madre, el del padre; que les enseñemos a los niños verdaderamente el concepto del valor del dinero.

2. ¿Qué estás haciendo tú, madre o padre, en relación con hablarle a tus hijos, de acuerdo con la edad que tienen, sobre la sexualidad? Es sumamente importante que tu punto de vista sea enseñado con responsabilidad a los hijos, porque ya sabemos que, en la calle y la escuela, los amiguitos lo van a estar hablando de manera totalmente diferente a sus valores y creencias. Hay todo tipo de información sobre este tema, se encuentra en las redes sociales y, muchas veces, no notamos que nuestros hijos están siendo bombardeados y educados por todo lo que escuchan y ven y no por lo que se está hablando en casa.

3. ¿Cuál es el concepto que les estás enseñando a tus hijos de Dios, y sobre la biblia? ¿Cuál es el punto de creencia, cuánta responsabilidad has tenido? Porque, creamos lo que creamos, los niños crecerán, y rápido. Usualmente a los 18 o 20 años tú ves que los jóvenes ya están pensando: "Bueno, voy a independizarme, mudarme, salirme de estudiar. Voy a tomar otras oportunidades". Entonces no tenemos mucho tiempo, pasa bastante rápido; estos principios son muy importantes, como la siembra que vas a hacer en tus hijos para que puedan emprender y tener mejor futuro. Así que creo que es muy apropiado que nosotros marquemos la diferencia en un mundo de caos y desafíos educativos, de cambios repentinos, donde la moral, las creencias y los valores están siendo puestos a prueba; nosotros los padres, en el hogar, tenemos una función sumamente importante que ejecutar con nuestros niños, el futuro del mundo, y eso debe de hacerse inmediatamente, con urgencia, y con responsabilidad. ¡Amén!

Momentos de Reflexión

1. ¿Qué es lo que más te importa en tu vida profesional? ¿En qué crees apasionadamente?

2. ¿Cuáles de las habilidades, talentos o competencias que tienes te hacen sentir más orgulloso? ¿Qué te hace más feliz? ¿Qué te hace sentir realizado?

3. ¿Qué te gustaría incluir en tu currículum ideal si no hubiera barreras o límites?

4. ¿Qué oportunidades educativas vas a buscar para alcanzar tu libertad financiera?

5. ¿Qué acciones específicas tomarás para lograr tu objetivo? ¿Cuál es su marco de tiempo?

6. ¿Cuáles son los pasos que vas a tomar? ¿Qué es lo primero que harás?

7. ¿Has considerado las posibles barreras? ¿Cómo planeas superar estos obstáculos?

8. ¿A quién le pedirás ayuda en el camino? ¿Qué más necesitarás?

Capítulo 4: Barreras Espirituales

"Es a través de la gratitud por el momento presente que la dimensión espiritual de la vida se abre."
Eckhart Tolle

Ya hemos hablado en temas anteriores de que las barreras pueden ser obstáculos o impedimentos físicos y hasta personas. Así que, ¿cuáles son las barreras que pueden estorbar la vida espiritual? Y con ella me refiero a la conexión que tienes con el creador, con Dios Padre.

Te voy a mencionar algunas de las cosas que pueden estorbar esa relación, ese tiempo especial con Dios. Tú sabes que todos nosotros disponemos de 24 horas al día. De ese tiempo del que disponemos, ¿cuánto le dedicamos al Señor?

La primera barrera que puede estorbar tu vida espiritual es la familia, especialmente cuando está dividida y, aunque convivan todos juntos, algunos creen en Dios y otros no, sólo algunos van a la iglesia o se practican religiones distintas.

Esto se puede convertir en una barrera cuando, mientras tú desarrollas tu relación con Dios, hay quienes empiezan a mofarse o a criticarte. Esto se vuelve una situación indeseable porque se pueden practicar diferentes religiones y podemos tener diferentes conceptos, pero respetándonos los unos a los otros.

La segunda barrera pueden ser los amigos. Como dice el dicho: "dime con quien andas, y te diré quién eres". Los amigos se pueden convertir en una barrera cuando conocen y saben que nosotros tenemos el credo, servimos al Señor o estamos conectados con Él, y ellos se mofan, se burlan, te ofenden o hasta hacen cosas que van en contra de tus creencias. Eso también se puede convertir en una barrera.

La tercera barrera es la del trabajo, que es una de las cosas que Dios hizo pero se convierte en un estorbo cuando lo tenemos en exceso, todos los excesos son malos. El exceso de trabajo generalmente surge del materialismo, que es tener el deseo de acumular bienes y, por esa razón, necesitar no un trabajo, sino dos o más.

El trabajo normal no es una barrera, inclusive la Biblia dice que el que no trabaja no debe de comer; pero cuando tenemos exceso de trabajo, o sufrimos de materialismo, buscamos sólo acumular y, entonces sí, eso se convierte en un problema. Trabajar en exceso, puede traer enfermedades, problemas con tu relación matrimonial, familiar, etc.

La cuarta barrera que puedes tener, aunque no lo creas, es la religión. ¿Por qué la menciono? Porque es todo lo que intenta acercar al hombre y la mujer a Dios y, aunque intentar es bueno, el problema es que no logre hacerlo, porque la Biblia claramente dice que la única manera en que podemos llegar al Padre es a través del Hijo, Jesucristo: "Yo soy el camino, la verdad y la vida, y nadie viene al Padre si no es por el Hijo" (Juan 14:6). Entonces, si tenemos la barrera de la religión, estamos creyendo en otro libro que no sea la Biblia, creyendo que podemos obtener salvación a través de otra persona que no sea Jesucristo.

La quinta barrera es la de los dogmas y las doctrinas. Aquí hago referencia a cosas que nos enseñaron desde pequeños, en la escuela o el hogar, que cuando se investigan o se ven a la luz de la escritura se descubren incorrectas, pero mientras tanto nosotros las creemos.

Una sexta barrera es no poder hablar en público. Había un personaje que se llamó Moisés (Éxodo 4, 10-14), al que Dios le dijo: "Quiero que tú seas el libertador de mi pueblo." Y él le dijo: "No, es que yo no sé hablar. Es más, yo soy tartamudo." Entonces, el señor dijo: "Tranquilo, si tú tienes el problema de la tartamudez, yo voy a resolver esa situación inmediatamente". El aprendizaje aquí es que no hay excusas que se le puedan dar a Dios.

Una excusa famosa que todos conocemos es el miedo, y es interesante porque es una realidad que muchísimas personas lo padecen. Había un personaje que se llamó Gedeón. La Biblia, en Juan 16: 23, dice que Gedeón tenía miedo pero confiaba en Dios, y esa confianza le permitió vencer a todos sus enemigos. Juan 16:33 dice: "en este mundo vas a tener aflicciones, más no tengas miedo; confía en Dios, que de la manera que él venció, también vamos a vencer."

Luego está la barrera de la falta de fe: "No sé si Dios me va a respaldar en este proyecto, porque a mí me falta Fe". La buena noticia es que la Biblia dice que, a todos los hombres y a todas las mujeres, Dios nos da la misma medida de Fe. Entonces, ¿cuál es el trabajo de todos nosotros con esta medida? Desarrollarla. Es a lo que estamos llamados para que entonces cada día podamos tener una fe que crezca y dé mayores resultados, porque hay diferentes tipos de fe: yo puedo tener fe para aceptar al señor, recibir sanidad, o hasta recibir un milagro para añadir lo que no existe; cuando hay una sanidad, simplemente Dios sana un catarro, una fiebre; pero en el caso de un milagro, por ejemplo, alguien que tenía una pierna más corta que la otra y Dios la sanó, ya no es una sanidad, sino un milagro, porque tuvo que haber creación de materia para nivelarle la pierna.

Otra barrera puede ser la de la oración: "yo no sé orar y así tengo una excusa para no comunicarme con Dios". Sin embargo, perdemos de vista que lo único que necesitamos es saber conversar, porque orar es conversar con Dios y, cuando lo hacemos, oramos desde lo profundo del corazón.

Cuando estamos viendo todas estas barreras que te he mencionado, podemos llegar a la conclusión de Mateo 6: 33. ¿Qué es lo que Dios y la Biblia piden? Que nosotros, primero, busquemos el reino de Dios y su justicia, y todas las demás cosas que tú y yo necesitemos serán añadidas. Qué tremendo saber que, si ponemos a Dios en primer lugar, Él nos añade lo que falte.

Pero si ponemos a Dios en segundo, tercero o cuarto lugar, las añadiduras son algo que nosotros tendremos que buscar.

Quiero compartirte ahora cómo fue, en las diferentes etapas de mi vida, la barrera de la vida espiritual que yo tuve que aprender a superar, porque representó algunos retos para mí. Primero, cuando nací en la ciudad de Nueva York, mis primeros años fueron muy felices, pues estuve con mi papá, mamá y hermanos. Todo iba bien, vivíamos en una zona linda, asistía a una buena escuela, había un concepto de Dios, mis padres eran católicos.

Ya cuando llegué a la segunda etapa de mi vida, que es de los 10 a los 20 años, fue diferente: ya no estaba con mis padres. Era independiente, aunque vivía con familiares, y tuve el reto de la conexión con Dios. Mis abuelos eran católicos, y a veces yo decía que también lo era simplemente para caer bien, pero no tenía ninguna práctica; entonces puedo decir que, en esta etapa de mi vida, yo no tenía ninguna conexión con Dios. Cero. No oraba, no leía la Biblia, no iba a la iglesia, no hablaba de temas espirituales o religiosos.

De los 28 a los 37, seguí con esa desconexión con Dios, pero ahora, a la distancia, escuchaba de vez en cuando personas que me invitaban a la iglesia, me hablaban de Dios o de la Biblia, pero yo simplemente no lo veía como algo importante en mi vida. Decía simplemente que, si existe Dios, pues será en algún lugar. No creía mucho que así fuera porque sentía que, de ser así, muchas de las situaciones que pasé no me habrían ocurrido. Entonces, ese tiempo de los 20 a los 30 años me dediqué a trabajar, a estudiar sin cuidar mi relación con Dios.

Ya de los 30 a los 40 tuve más contacto con personas espirituales. Ahí me regalaron mi primer libro, por primera vez visité la Iglesia Cristiana, me hablaron más de la Biblia, la cual obviamente no entendía. Puedo decir que esa etapa fue de descubrimiento porque ahí empecé a conocer a Dios, leer la Biblia, y a volver y participar más en la iglesia. Me bauticé, hice mis estudios teológicos, y muchas de las preguntas que tenía empezaron a ser respondidas. Ésta fue una etapa diferente, porque ya no estaba solamente con el conocimiento de Dios, sino que ahora servirle ya era parte de mi agenda.

Ya de los 38 en adelante, estaba activamente al servicio de Dios. Me gradué de la escuela bíblica, servía a Dios en una iglesia, ya tenía concepto de Él, que vino a formar parte primordial de mi vida y de mi agenda diaria; en ese tiempo también me nombraron pastor de

Jóvenes y luego Pastor asociado. Hasta el día de hoy me muevo en el mundo de los negocios como empresario, y también soy pastor de la iglesia "Alpha & Omega" en Miami, Florida. Hago los dos simultáneamente: esa es mi vocación.

Hasta aquí ya te hablé de las barreras y de lo que hice en diferentes etapas de mi vida. Ahora te quiero compartir cuáles fueron las habilidades que pude desarrollar a raíz de todo lo que viví.

La primera de ellas fue la Fe. Yo era una persona que todo lo razonaba: "lo que no puedo razonar, no lo puedo aceptar". El factor fe no estaba en mi vida y por eso valoro tanto que mis experiencias me ayudaran a desarrollarla, ya que inclusive la Biblia dice que sin fe es imposible agradar a Dios (Hebreos 11:6). Yo sólo creía en lo que podía ver, pero ahora sé que hay un ser supremo, creador del universo, de mi vida, de todas estas maravillas que uno ve. Eso también ayudó a afianzar la creencia en Dios como creador, así como Padre. Dios no es solamente el creador del mundo y de nosotros, sino que también es nuestro Padre celestial. Eso me llevó a entender que uno le debe de encomendar cada día a Dios. ¿Cómo se puede hacer? Una de las formas en que yo lo hago -y que me resulta- es teniendo mi devocional diario. Además de leer y estudiar más la Biblia, desarrollé los hábitos de leer, de orar, y de compartir con los demás la bendición de Dios.

Todas estas habilidades fueron desarrolladas a partir de mi experiencia, los años de vida que te compartí. Ahora, ¿cuáles son los valores que estas etapas me dejaron? Primero, el respeto. No solamente el respeto a la educación que uno tiene, sino también el que le debemos a los que estuvieron antes de nosotros, a los que vienen detrás de nosotros, y a los que están en la misma etapa de vida en que ahora estamos; aprender a respetar a Dios, al prójimo, a las autoridades. Y, muy importante, el respeto a tu mamá y a tu papá, porque hay una bendición: la Biblia dice que cuando respetamos a la madre y al padre, nos va bien en la tierra, y nuestros años son alargados (Efesios 6:2-4).

Otro valor fue la ética. Sabes que muchas de las profesiones tienen una licencia, un código de ética. Pero la ética no solamente es el respeto a la profesión en que te mueves sino también con la iglesia, hay una ética pastoral.

Un valor importante, es la dignidad. También lo es la compasión con el que sufre, el que tiene dolor, con el que no tiene necesariamente lo que tú tienes, pero cuentas con la hermosa oportunidad de poder compartir con él o ella lo que por gracia has recibido. Hemos recibido por gracia del evangelio muchos favores y bendiciones a través del Señor, ¡qué lindo poder compartirlos con otros!

Otro valor es el perdón. En la vida debemos convertirnos en especialistas en pedir perdón y perdonar, porque siempre tendremos la posibilidad de fallarle a alguien, o que alguien nos falle. Qué bueno es que podamos tener la facilidad de decir "Me equivoqué, quiero pedirte perdón", o que nos lo digan a nosotros. Recuerda que cuando pedimos perdón o perdonamos, los primeros en recibir el beneficio seremos nosotros mismos, así que te aliento, y te motivo, a que adquieras esa práctica.

Otro valor es el amor. ¿Cómo debemos de amar realmente? Hay algo que el enemigo utiliza muchísimo, y son las ofensas. Éstas son las que van, de cierta forma, contra el amor. El enemigo utiliza las ofensas para dividir y separar a las personas.

Hay tres tipos de amor: El *eros*, el *ágape*, y el *filial*. El *eros* es el que existe entre un hombre y una mujer, el *filial* es el que hay entre los miembros de una familia, y el *ágape* es el amor perfecto de Dios. El amor que nosotros tenemos es circunstancial, se puede acabar, no lo podemos sentir todo el tiempo. Por eso tenemos que estar conectados a la fuente del amor, que es Dios, para vivir en ese valor.

Estos valores los aplico en todas las etapas de mi vida, son enormes, porque van conmigo en mi diario vivir, ya sea en mi vida empresarial, como coach, y en mi vida espiritual, como pastor. Te animo a que los practiques.

Ahora quiero compartir contigo herramientas y recursos que puedes utilizar para vencer las barreras espirituales. Es sumamente importante practicarlos para adquirir tus propias vivencias y experiencias que podrás contar a otras personas.

La primera herramienta es comprometerte a tener un devocional diariamente. Esto es dedicar un tiempo del día a estar en comunicación con Dios y meditar en su palabra. Existen devocionales para hombres, mujeres, empresarios, profesionales, solteros, niños, matrimonios, etc. Hacer este compromiso significa que, ya sea por la mañana, tarde o noche, todos los días tendrás un tiempo para poder conectarte con Dios, tu creador.

Dentro de tu devocional, conviene tener presente esta frase: "tu futuro está determinado por tu habilidad de seguir instrucciones". Qué interesante es pensar que, efectivamente, seguir instrucciones puede ser considerado una habilidad y, sobre todo, que esta habilidad define nuestra experiencia de vida.

Como ejemplo de devocional te comparto los 10 mandamientos, que son instrucciones que se nos dan sobre lo que no debemos hacer y, de no seguirlas, tendremos consecuencias. ¿Cuáles son entonces los 10 mandamientos?

1. No tendrás otros dioses delante de ti.
2. No te harás ídolo semejante a alguno de los que están arriba en el cielo, ni abajo en la tierra, ni en las aguas debajo de la tierra.
3. No tomarás el nombre del Señor, tu Dios, en vano.
4. Acuérdate del día de reposo para santificarlo.
5. Honra a tu padre y a tu madre.
6. No matarás.
7. No cometerás adulterio.
8. No hurtarás.
9. No dirás falso testimonio contra tu prójimo.
10. No codiciarás la casa de tu prójimo, no codiciarás la mujer de tu prójimo, ni el siervo, ni el buey, ni el asno, ni nada que sea de tu prójimo.

Estos mandamientos se encuentran en Éxodo 20:3-17, y hoy es un perfecto día para que hagas una evaluación personal.

Aquí vamos a hablar de la palabra compromiso, y el devocional menciona esto: "El compromiso es tu decisión final de llenar las necesidades de aquellos a quienes Dios te ha llamado a servir". ¿A quién te ha llamado a servir Dios? Tú tienes una inclinación, y esta puede ser hacia los niños, las mujeres, los hombres, los matrimonios etc. Puede ser a los hospitales, escuelas de niños, ¿cuál es? Dice aquí que el compromiso es tu decisión final.

Un ejemplo de esta inclinación es una de mis amigas, colombiana llamada Karo Nope, Ella es especialista en Mercadeo Digital, una especialidad que yo, al igual que muchas personas, no tengo; tiene estudios y conocimiento, una destreza, y habilidades con las que, a través de su empresa, puede ayudar a empresarios y emprendedores a mejorar su facturación.

Recuerda lo que el devocional dice: "El compromiso es tu decisión final de llenar las necesidades de aquellos a quienes Dios te ha llamado a servir", y aquí vamos al texto del Salmo 37:5 "Encomienda al Señor tu camino, confía en Él, y Él lo hará". Si yo hago este devocional en la mañana, estaré encomendándole a Él todo el día para que me dirija, para que yo actúe de la manera correcta, y así yo voy a confiar en que todo me va a salir bien.

Luego está Proverbios 16:3, "Encomienda tu obra". El proyecto que tengas en el día de hoy se lo vas a encomendar a Dios, y tendrás el éxito deseado. Es una promesa que Dios me está haciendo: "si tú cuentas conmigo al principio del día, yo también te tendré en cuenta a ti". Gálatas 6:9 dice: "No nos cansemos de hacer el bien pues, a su debido tiempo, cosecharemos si no nos damos por vencidos". Quiero decirte que en la vida todo es una siembra y cosecha. Si yo quiero respeto, siembro respeto. Si quiero amor, siembro amor. Si quiero dinero, siembro dinero. Si tú haces el bien, cosecharás bien. Si haces el mal, cosecharás el mal.

Filipenses 13:13-14 dice: "Hermanos: yo mismo no pretendo haberlo alcanzado. Pero una cosa hago olvidando ciertamente lo que queda atrás, y extendiéndome a lo que está por delante. Prosigo a la meta del premio del supremo llamamiento de Dios en Cristo Jesús".

Qué interesante saber que hay muchas cosas de tu pasado que te pueden detener, evitar que llegues a la meta; por eso aquí dice "olvidando ciertamente lo que queda atrás". De lo que fue, ya no puedes hacer nada para cambiarlo, pero puedes hacer mucho en tu presente para tener un futuro totalmente diferente, exitoso y brillante.

Quiero hablarte también del tema de la Mayordomía Integral. Esto tiene que ver con tiempo, habilidades, talentos, dones, cónyuge, hijos, dinero, bienes, empresa etc. Voy a hablarte de esto con un ejercicio:

Piensa en la edad que tienes hoy y pregúntate: en todo este tiempo, ¿cuántas cosas han pasado por tus manos, y qué has hecho con ellas? ¿Cuánto dinero ha pasado por tus manos? Cuántas oportunidades, cuánto tiempo, cuántos recursos, cuántas personas. La pregunta entonces es: ¿qué has hecho con todo eso? Y, aún más importante, ¿cuánto de todo lo que has recibido, lo has podido multiplicar y compartir? Capacidades, talentos, dinero, bienes, ¿cuánto? Todo eso es una siembra, de acuerdo con la ley de la siembra y la cosecha. Y hoy yo quiero que tú empieces a practicar esa ley, teniendo en mente, primero, todas las cosas que aún no has recibido, en segundo lugar, todas las cosas que deseas recibir y, después, todas las cosas que tú puedes sembrar en otras vidas, en tu familia, tus amistades, tu vecindario, tu comunidad, tus hijos, etc.

Terminemos este capítulo pensando en las 24 horas que tiene cada día. De entre ellas, ¿cuánto tiempo voy a dedicar a conectarme con Dios? ¿Cuánto tiempo con el cónyuge, y cuánto con los hijos? También que tú tengas en mente cada día, la conciencia de la necesidad y privilegio de conectar con el creador, tu Dios.

No olvides las herramientas y recursos que acabamos de revisar. Son tuyos para compartirlos y, sobre todo, practicarlos para que puedas tener un futuro brillante.

Hoy has sido concientizado sobre las 24 horas del día, sobre cómo está el uso de tu Mayordomía Integral, que tiene que ver con talentos, dones, habilidades, tiempo y, en general, todo recurso que Dios te ha dado, y sobre el que hay una ley que debes practicar, la de la siembra y la cosecha. La Biblia dice que todo lo que el hombre y la mujer siembran también cosecharán (Gálatas 6:7), así que no olvides que todo en la vida es una siembra, positiva o negativamente.

Momentos de Reflexión

1. ¿Qué ídolos tengo delante de mí?

2. ¿Qué ídolos son los que toman la mayor parte del tiempo de mi día?

3. ¿Cómo está mi honra hacia mis padres?

4. ¿Cuándo fue la última vez que le di un regalito a mi mamá o a mi papá? ¿Cuándo los llamé? ¿Cuánto tiempo ha pasado desde que les di un dinerito o los he invitado a cenar?

5. ¿Hablas mal de tu prójimo o de tu familia?

Capítulo 5:
Barreras
Emocionales

"Las primeras barreras que hay que derribar son las mentales"

Ahora voy a hablar de las barreras que impiden vivir con felicidad: las barreras emocionales. Es interesante saber que cada persona está integrada de pensamientos, emociones, sensaciones corporales, y todo eso nos lleva a una conducta.

Todos, en nuestra respectiva historia personal, hemos vivido experiencias de aprendizaje, tanto positivas como negativas, y desde la infancia hasta el día de hoy hemos sido influenciados por nuestros padres, profesores, amigos, familiares y personas allegadas a nosotros que, de cierta forma, ayudaron a que pudiéramos comprender un poquito más cómo funciona el mundo.

Debemos saber que todas las personas tienen emociones, y lo importante de éstas no es necesariamente entenderlas sino poder estar en control de ellas, en vez de que ellas nos controlen a nosotros.

En este capítulo te quiero hablar, precisamente, del control de las emociones, y particularmente de 6 aspectos que tienen mucho que ver con esto:

1. **Valores.** Los valores son las cosas que nosotros elegimos, que marcan la diferencia y nos impulsan a la conducta. Entonces, lo que yo crea que es correcto, va a influir mucho en mi manera de accionar.

2. **Compromiso de acción.** Esto habla de cuán asertivo eres. Aquí están la puntualidad, la responsabilidad. También se refiere a qué eliges cuando nadie te ve: tienes la posibilidad de tomar una alternativa correcta y una incorrecta, ¿cuál es tu compromiso?

3. **Establecer distancia de los pensamientos.** Durante el día, nosotros llegamos a estar saturados por diferentes pensamientos que pueden ser positivos o negativos. Cuando vengan los pensamientos negativos, ¿qué harás con ellos? ¿Los vas a entretener, a contemplar? ¿Permitirás que sigan en tu mente, o los vas a echar fuera de tu mente?

4. **Toma de perspectiva.** En este aspecto me refiero a tomar al pensamiento, el sentimiento, y las sensaciones del cuerpo como algo externo, tomar el rol de observador. Se parece a imaginar que lo que te está ocurriendo es una película y la estás viendo desde fuera, lo cual te puede ayudar a formar un mejor criterio.

5. **Contacto con el momento presente.** Es la capacidad que tienes de permanecer plenamente en contacto con la experiencia que estás viviendo en el momento.

6. **Aceptación.** Toda experiencia interna conlleva pensamiento, sentimiento, impulsos, recuerdo y sensaciones. La aceptación tiene mucho que ver con la inteligencia emocional.

No sé si alguna vez has escuchado lo que es un bloqueo emocional. Es un obstáculo, un impedimento que nos ponemos nosotros mismos y que no nos deja progresar, avanzar, adelantarnos en la vida.

Frederick Dobson dijo algo muy poderoso: "una emoción no causa dolor; su resistencia o su supresión, sí". Como somos seres humanos, tenemos emociones porque así nos creó Dios. Como dijo Dobson, las emociones no son dolorosas, pero sí puede afectarnos el resistirnos a ellas o el tratar de suprimirlas.

Es muy importante que podamos entender los bloqueos emocionales, por lo que te voy a explicar algunos de sus síntomas:

1. Evitar eventos donde hay un gran número de personas. Usualmente, al presentarse dicho bloqueo, una de las cosas que hacemos es tratar de no vernos alrededor de público, por lo que buscamos mantenernos aislados.
2. Nerviosismo continuo: cuando tú eres una persona que constantemente está nerviosa, esto puede significar que tienes un tipo de bloqueo emocional.
3. Temor al rechazo: todos en un momento dado, vamos a ser rechazados; si vamos a la Biblia, Jesús, aun siendo perfecto, fue

rechazado por sus propios compatriotas. Aquí lo importante es que tú estés emocionalmente equilibrado, porque es un hecho que en algún momento vas a ser rechazado, ya sea por tu familia, tus amigos, tu vecindario o tus compañeros de trabajo. La clave es cómo vas a manejar este rechazo cuando llegue a tu vida. Más adelante en el capítulo te voy a dar soluciones que tienen que ver con la inteligencia emocional.

4. Falta de motivación propia. El hecho de que, en lugar de encontrar esa motivación en tu interior, estés constantemente requiriendo que la gente desde afuera te celebre o te diga que puedes sobreponerte a los retos.

Otros síntomas de bloqueo emocional pueden ser la envidia, el agotamiento físico y mental y hasta la procrastinación (dejar para mañana lo que puedes hacer hoy). También puede haber cambios en tus hábitos de sueño o alimenticios, dolores musculares, infecciones, defensas bajas y muchos más.

Ahora, como te dije, es bueno saber un poquito de los síntomas, ¿verdad? Pero lo más importante sería saber cómo podemos gestionar esos bloqueos, porque, entonces, ya cuando identifico que tengo alguno de los síntomas puedo saber qué puedo hacer para avanzar en la vida. Recuerda que las ideas negativas pasan por la mente y, si llegan a hacer nido, nos paralizan. Entonces, ¿cuál es el contraste que pasa por tu mente, para que no te concentres en los pensamientos negativos, sino en los positivos? Tu propia elección. Por ejemplo, nosotros podemos elegir entre pensar mal de una persona, o pensar bien. Si usamos la misma energía para pensar mal y bien, yo prefiero pensar bien, y que, para que cambie de parecer, la persona tenga que comprobar lo contrario. Cuando eres una persona que se caracteriza por pensar bien de sí misma y de los demás, no le estás dando nido a los pensamientos negativos. Lo mejor es que nuestros pensamientos predominantes sean los que tienen que ver con la alegría, el bienestar, el relajamiento, la esperanza y, de esa forma, disipar los pensamientos negativos.

Ahora quiero llevarte por las diferentes etapas de mi vida en cuanto a la barrera emocional. Sobre los primeros años de mi infancia, desde el nacimiento hasta los 10 años: que yo recuerde, fueron excelentes. Estaban conmigo mis papás y mis hermanos, en la ciudad de Nueva York; todo estaba en calma, no había robos ni situaciones de violencia. Así que yo te puedo decir que fue una niñez espectacular.

Entre los 11 y los 20 años empezaron a llegar los retos emocionales, ya que en esa etapa fue cuando me separé de mis padres y me fui a vivir a hogares de familiares a los que realmente no conocía. ¿Te puedes imaginar a un niño de 11 años, viviendo sin sus padres ni sus hermanos? Ahí empezaron las barreras y los retos emocionales, me sentía huérfano, abandonado, confundido. Yo no sabía qué hacer o a quién recurrir. Estaba indefenso, no tenía dinero, quién me comprendiera o con quien realmente pudiera hablar. Y te quiero decir que esos años fueron muy, muy difíciles.

Llega entonces la etapa de los 20 a los 30 años en la que me independicé y, después de vivir 4 años en Puerto Rico, regresé a Miami a estudiar la universidad. Ahí comenzó realmente mi independencia; yo ya había superado muchas de las cosas que había vivido en la pubertad y en la juventud, ahora estaba trabajando y estudiando, era totalmente independiente, y entonces decidí seguir avanzando. Yo tenía un tío, el Dr. Ramón Luis Santiago, que me servía como modelo a seguir. A veces lo llamaba, y le hacía muchas preguntas. Ahora él ya está en la presencia del Señor, pero llegó a ser el decano de la Universidad de Georgetown, una escuela muy prestigiosa. Yo veía cómo vivía con su esposa y los hijos, noté su calidad de vida y me dije: "yo quiero ser así". Así que, en esa etapa, viviendo en Miami, Florida, en mi independencia, pude superar ya muchas de las crisis emocionales que había tenido los años anteriores.

A partir de los 38 años empezó mi avance, pues ya me había graduado de la universidad y estaba disfrutando de buenos trabajos, había ascendido en diferentes posiciones adquiriendo cierta madurez a través de mis propios errores; yo puedo decir que en la vida puedes ser víctima o puedes ser sobreviviente. En esa etapa yo ya estaba disfrutando de la vida y ahí fue donde vine a conocer la inteligencia emocional.

¿Cómo nos ayuda la inteligencia emocional? Es la clave en tu vida personal y en la de negocios, la forma en la que tú puedes vivir en éxito ya sea personal o en los negocios. Al hablar de este tipo de inteligencia, también hablamos de la capacidad que vas a tener para percibir, expresar, comprender, y gestionar las emociones. Es cómo te vas a controlar a ti mismo, tus sentimientos y tus emociones.

Hay varios cuadrantes muy importantes de los que la inteligencia emocional nos habla y que quiero compartir contigo. Se incluyen cuatro áreas, dos tienen que ver con tu interior, y las otras con tu exterior, que son la gente con la que te comunicarás y relacionarás.

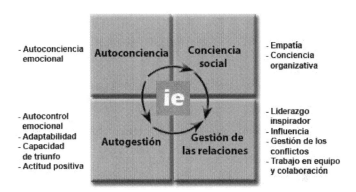

- **Primer cuadrante**: La consciencia de uno mismo donde, en primer lugar, están mis propias emociones, mi consciencia de mis fortalezas, pero también la de mis limitaciones. Aquí está también la confianza en mí mismo, y muchas cosas más.
- **Segundo cuadrante**: La gestión de uno mismo. Ahí es cuando yo aprendo a autocontrolarme, a exhibir transparencia, honestidad, integridad, adaptabilidad, logro e iniciativa.
- **Tercer cuadrante**: La consciencia social, ya estoy en el mundo exterior, estoy hablando de empatía, cómo me pongo en los zapatos de otra persona, cómo es la consciencia organizacional o empresarial, estoy más consciente del servicio al cliente.

- **Cuarto cuadrante**: La gestión de las relaciones, tiene que ver con liderazgo, influencia, cómo ayudo a otras personas a desarrollarse, cómo llevo la gestión del cambio, cómo resuelvo conflictos y problemas.

Como verás, en los primeros dos cuadrantes me estoy examinando a mí mismo, porque tienen que ver con mi parte interior. Cuando estoy hablando de los cuadrantes exteriores, es el mundo con el que yo me relaciono; la familia, la amistad, el círculo universitario, la comunidad, los clientes; todo el entorno que yo tengo exterior a mi vida privada, y es sumamente importante cómo lo manejo.

Una de las tareas que te dejo es que te familiarices con estos cuadrantes y las dos gráficas de la inteligencia emocional que incluyo a continuación, para que puedas analizar cómo está tu comportamiento interno y externo, cuánto éxito estás teniendo en la vida, o cuántos fracasos continuos estás experimentando, para que examines cómo está tu nivel emocional.

Tú sabes que hay muchas personas que son hipersensibles, lo cual implica que todo les hace daño. Nosotros no podemos ser así, debemos llegar a desarrollar una madurez,que ayude a nuestro carácter.

Recuerda muy bien esto: Nunca confundas una persona emocional con una inmadura, porque todos tenemos emociones; lo que realmente nos distingue es cómo nos conducimos, cómo enfrentamos los problemas y cómo resolvemos los conflictos.

Momentos de Reflexión

Los Investigadores Clasifican en 8 Grupos Principales las Emociones más Comunes (Tabla 1)

Ira	Furia, Hostilidad, Irritabilidad, Disgusto
Tristeza	Pena, Autocompasión, Desesperación, desanimo, soledad
Miedo	Ansiedad, Irritabilidad, Nerviosismo, Susto, Terror, Aprensión
Placer	Alegría, Alivio, Satisfacción, Deleite, Emoción, Euforia, Éxtasis
Amor	Aceptación, Confianza, Devoción, Adoración
Sorpresa	Conmoción, Asombro, Maravilla
Disgusto	Desprecio, Desdén, Aversión, Repugnancia, Repulsión
Vergüenza	Culpa, Remordimiento, Humillación, Pudor, Disgusto

Ejercicio: Manejando las 8 Emociones mas Reconocidas (Tabla 2)

Emociones	¿Qué desencadena esta emoción para ti?	¿Cómo reconoces cuando tu sientes esta Emoción?	¿Qué puedes hacer para controlar Física y Mentalmente esta Emoción?	Los Pensamientos/Creencias pueden cambiar para que no reaccione de este modo en el Futuro
Ira				
Tristeza				
Miedo/Temor				
Placer				
Amor				
Sorpresa				
Disgusto				
Vergüenza				

Capítulo 6:
Barreras de
Identidad

"No soy de aquí ni soy de allá, no tengo edad ni porvenir y ser feliz es mi color de identidad".
Facundo Cabral

Hablemos un poquito de qué es la identidad. Si hablamos de identidad personal, es el conjunto de rasgos característicos de un individuo, con sus actitudes y habilidades. Aquí están su carácter, temperamento, virtudes, y carencias. Podemos decir que la identidad es el poder más grande que tienes detrás de tus acciones; tiene que ver con cómo tomas responsabilidad en la vida, cuáles son tus tradiciones, tus costumbres, tus experiencias; la identidad es muy importante, porque determina la calidad y la manera en que vas a vivir la vida.

Es interesante saber que la identidad personal en cada uno de nosotros es única, porque aquí es donde tienes lo que influye en tu vida cotidiana. Aquí están tus recuerdos, experiencias y comportamiento, la forma en que actúas tiene mucho que ver con tu identidad personal.

Desde un punto de vista científico, uno de los grandes avances de la identidad humana se dio con el descubrimiento de las huellas digitales; no hay dos huellas digitales iguales, son algo único de cada persona. También está la identidad personal, que es el conjunto de comportamientos, tu historia de vida, características físicas y otros rasgos que te permiten ser distinto a cualquier otra persona.

Identidad también es pertenecer a una familia o a un grupo social. Nuestra individualidad se comparte con los demás, y los factores externos acaban con la percepción individual sobre quienes somos. Aquí también tiene que ver la nacionalidad, la lengua, las tradiciones y los rasgos culturales que identifican tu vida. Desde un punto de vista externo, están tus datos personales que intervienen en la descripción de tu propia identidad, tu fecha y lugar de nacimiento, puede estar tu cédula, tu número de seguro social, tu pasaporte. Todas esas cosas son distintivas e identifican a una persona.

Ahora, es interesante saber que el desarrollo comienza desde que uno nace y sigue durante la niñez, desde el momento en que el individuo es consciente de su propia existencia; continúa hacia la adolescencia, y se consolida en la adultez, que es cuando el individuo es consciente del lugar que tiene en la sociedad. La identidad personal también determina, como mencioné anteriormente, el carácter, el temperamento, las actitudes y los intereses de la persona; aquí moldea su conducta, y va definiendo ciertos aspectos de su participación de la vida en determinados grupos sociales.

Los psicólogos reconocen que la identidad de cada uno de los individuos es diferente en dos campos: la identidad personal y la identidad social. La personal tiene que ver con rasgos, actitudes, habilidades, temperamento, virtudes y carencias: todo lo que nos permite ser diferentes a los demás. Pero la identidad social es aquella en la que la persona pertenece a ciertos grupos espirituales, nacionales, profesionales y laborales que la distinguen.

Quiero compartirte cómo fue mi identidad a medida que fui creciendo. Como ya te he dicho, nací en Manhattan, aunque me crié en la ciudad de Brooklyn; mis padres son de Puerto

Rico, pero se mudaron a Nueva York a una edad temprana.

Recuerdo que, hasta los 9 años, tuve una infancia muy feliz, en la que tenía identidad; con mis padres y hermanos, vivía en una zona muy bonita, judía, iba a una escuela privada, así que todo era color de rosa. Pero, como te conté antes, recuerdo que cuando llegué justamente a los 9 años, mis padres se fueron como misioneros a Honduras; desde ese momento comenzó un choque de identidad para mí, porque iba a un país del que yo no hablaba su idioma, con unas costumbres totalmente diferentes; entonces, aunque yo estaba con mis padres y mis hermanos, había un choque, tanto de cultura como de costumbres; obviamente, eso se fue acentuando mucho más cuando a los 11 años yo regresé a Nueva York. Desde ese momento y hasta los 15 años tuve varias crisis de identidad; ya no estaba con mis padres ni hermanos, viví en casa de unos tíos, pero eran lejanos, con quienes yo no había cultivado ninguna relación cercana. A los 11 años, fui violado por una mujer de 30 y no sabía qué hacer, con quien hablar, o a quién pedirle ayuda. Entonces recurrí a una opción: a los 13 años me uní a una pandilla, y luego a los 15 estaba en situaciones bastante profundas en el crimen organizado.

A los 15 años mis abuelos, que estaban en Puerto Rico, deciden invitarme a vivir con ellos; fui a quedarme en el verano, y me gustó tanto que pedí a mis padres quedarme 4 años y terminé de aprender español; viví en Puerto Rico de los 15 a los 18 años.

Otra vez, mi identidad era vivir con mis abuelos en un país en el que nunca había vivido. También en Puerto Rico las costumbres y las tradiciones son totalmente diferentes a las de Nueva York, así que yo pasaba de una crisis de identidad a otra; aunque vivía con mis abuelos nunca había convivido con ellos, no los conocía muy bien. En la escuela, el sistema escolar en Puerto Rico era diferente al de Nueva York, así que tenía crisis escolar, de costumbres, de tradiciones, en el lenguaje... bueno, todas esas cosas, recuerda que ahí tampoco estaban mis papás ni mis hermanos.

Entonces, a los 19, decido venir a Miami, Florida, para estudiar la universidad, y vivir de forma independiente; una vez que estuve en Miami, fue como reconciliar todos estos sucesos de mi vida, aún sin familia en esta etapa; solo tenía un tío lejano, así que me preguntaba a mí mismo: "¿a qué hora voy a emprender y avanzar en la vida?" Y sólo había una manera: estudiar y trabajar.

Así que te puedo decir que cada etapa que te expliqué en cuanto a la identidad es sumamente importante, porque uno a veces sabe su propio nombre, pero no realmente por qué está en esta vida, cuál es su propósito; cuando no tienes a tus padres, eso es un vacío muy grande; cuando no te crías con tus hermanos, es otro vacío familiar. ¿Te ha ocurrido estar rodeado de millones de personas, pero sentirte solo? No sabes a quién acudir, así que te comparto lo primero que aprendí durante todos estos años tratando de encontrar mi identidad: la identidad número uno la encontrarás en Dios, porque tú eres un hijo de Dios, hay un propósito para tu vida. Si viniste a este mundo, no fue por casualidad, sino porque Dios te había predestinado. No eres un accidente, sino que estás aquí con propósito.

Entonces, cuando entendemos que tenemos una identidad en Cristo, como sus hijos, hay un propósito de vida, por el cual estamos aquí. Hay una misión, una asignación que tenemos que cumplir en esta tierra, pues entonces todo se empieza a alinear, tú empiezas a decir: "bueno, estoy en esta vida con propósitos, para bendecir a otras personas; hay una asignación, una misión que Dios me ha encargado a mí"; y cuando estamos en el propósito, no solamente todo fluye de una mejor manera, sino que somos felices en la vida, porque sabemos por qué estamos en esta tierra.

Así que, si tú que estás leyendo estás enfrentando esta barrera de la identidad, ya sea porque no tienes la relación que hubieses deseado con tu familia o porque desconoces tu propósito, yo quiero declarar sobre tu vida que, al leer estas páginas, vas a derribar esta barrera primeramente en Cristo, y vas a encontrar tu propósito de vida. Tú, siendo mujer o hombre, joven, niño, adolescente o anciano, vas a poder entender que, si estás vivo, es porque Dios todavía tiene un propósito con tu vida y desea que lo cumplas a cabalidad. La mejor persona para esa asignación eres tú, así que no te des por vencido, no permitas que la barrera de la identidad te paralice ni te desenfoque; más bien mantente más que nunca enfocado en la razón por la cual estás en la Tierra.

Quiero cerrar este capítulo entendiendo habilidades, dones y talentos. A través de esta historia que te acabo de contar, se me entregó un gran regalo y eso es lo que ahora yo deseo que tu potencialices con este libro, y que también te puedas ver reflejado.

No sé cómo están tus barreras, o cuales son tus limitaciones y problemas. No sé exactamente lo que estas atravesando. No sé si tus problemas son mayores, o menores que los que yo viví. Pero sí te puedo advertir que cualquier barrera o problema que tu estés viviendo, lo puedes superar también. También te puede servir para que puedas desarrollar una nueva vida, una habilidad o un nuevo don. Es interesante saber que, cuando comienzas a desarrollar tus talentos -la resiliencia, la perseverancia, la resistencia y el coraje- puedes establecer nuevas metas, poner orden y disciplina en tu vida, aprender a escuchar. A través de todo esto, te garantizo que se van a abrir nuevas puertas en tu vida. En mi caso, lo aprendí a través del tiempo que estuve en la calle, asociado con malas compañías en negocios que no eran los más agradables; pero el propósito de este libro es mostrarte que, a través de mis propias limitaciones y de mis barreras, pude descubrir nuevos talentos que ni siquiera yo sabía que tenía, y estoy seguro de que lo mismo te va a pasar a ti. Tómate una pausa de las preocupaciones que tienes en tu día, y pregúntate por un momento: "¿qué puedo sacar de todos estos problemas, barreras y situaciones?" Te recuerdo que los peores momentos de la vida de cualquier persona, crisis y cambios, son cuando más puede emprenderse y cuando más ideas creativas y millonarios han surgido.

En este capítulo te estoy incluyendo 7 estrategias para lidiar con personas negativas. Todos nos vamos a encontrar con personas negativas en la familia, el vecindario, la iglesia, la escuela, etc. Por eso te dejo estas estrategias para tratar de forma más efectiva con este tipo de personas:

1. **No analices de más**: Hay ocasiones en que no es posible, hay cosas que nunca vas a entender.
2. **Desarrolla un sistema y aplícalo**: Cuando te sientas en situaciones que creas que no puedes resolver, se vale hacer una llamada, pedir una oración, hablarle a un amigo, a una persona de confianza de la que puedas decir: "Esta persona me sirve de apoyo"
3. **Establece límites**: No permitas que la gente haga contigo lo que quiera. Tu eres quien decide hasta dónde vas a permitir que lleguen.
4. **Decide tener una actitud positiva en medio de toda situación negativa**: Nosotros somos quienes elegimos entre tener pensamientos positivos o negativos. Siempre opta por los primeros.
5. **Deshazte de relaciones tóxicas**: Saca de tu vida toda relación que te reste, que te quite la paz, que te dañe; no tienes que

pelearte, ni armar un escándalo; simple, sencilla y sanamente déjala.

6. **Elige las batallas que vas a pelear**: Hay gente que desgasta su energía en peleas que no valen la pena.

7. **Aléjate de las personas quejumbrosas**: Siempre se están quejando por todo y enturbian el ambiente a su alrededor. Por eso sal de él.

Ahora hagamos un ejercicio, "De las frases negativas a las frases positivas". Aquí tú eres el encargado de completarlo. Yo te diré todas las frases negativas y tú pondrás en cada una de ellas su contraparte positiva:

1. No hay nada que hacer
2. Esto no funciona
3. Es un desastre
4. Nunca se ha hecho así
5. Están muy equivocados
6. Eres muy egoísta
7. Me has decepcionado
8. No se puede contar contigo
9. Con este grupo no se puede hacer nada
10. No vale la pena

Yo espero que después de terminar este capítulo puedas entender que todos vivimos problemas, desiertos; todos a veces tenemos una montaña enfrente, vivimos decepciones, estamos con alguien que no cree en nosotros, que no nos apoya; pero por encima de todo esto, yo declaro que, a través de este libro y de este capítulo, tú vas a aprender a emprender a pesar de los problemas, tus limitaciones, y todas las barreras que se te han presentado, y estoy declarando que el próximo que va a escribir historias de éxito, va a ser tu nombre, el mío, y el de todo aquel que tenga a su alcance este libro. Así que, ¡continúa leyendo! Aquí terminamos capítulo, pero todavía hay mucho más que quiero compartir contigo.

Momentos de Reflexión

1. ¿Qué es lo que me define?

2. ¿Me relaciono con las personas con las que quiero pasar mi tiempo?

3. ¿En qué consiste la madurez para mí?

4. ¿Qué es lo que me gustaría que dijeran de mí en mi funeral?

5. Si tuviera que darle un consejo a alguien más joven, ¿cuál sería?

6. ¿Tiendo a obsesionarme con problemas que no existen?

7. ¿Me interesa hacer cosas nuevas, o perfeccionar lo que ya hago?

Capítulo 7: Barreras de Habilidad

"La habilidad no es nada sin la oportunidad"
Napoleón Bonaparte

Ahora voy a seguir hablando de obstáculos o barreras que impiden alcanzar la superación o el desarrollo personales.

Existen diversos obstáculos o barreras que te impiden alcanzar la superación personal, y el conocerlos te ayuda a luchar contra ellos y, por ende, avanzar más rápido hacia tu meta. Por eso te quiero compartir cómo podemos llegar a esa meta, cómo lo puedes lograr.

Sabemos que, en el transcurso de tu vida, siempre te vas a encontrar con obstáculos que debes aprender, no solamente a sobrellevar, sino a vencer. Un obstáculo es una barrera que se interpone ante tu acción, lo cual te impide el avance en la conquista de algún objetivo concreto. Se puede considerar entonces que el obstáculo es como un muro, una montaña, que te imposibilita avanzar hacia tu meta.

Por eso un famoso escritor, Mark Fisher, dijo lo siguiente: "La vida está llena de estos obstáculos o golpes pero, con el transcurso del tiempo, se llega a descubrir que no solo se trata de pruebas, sino que se convierten en rutas secretas que las circunstancias de la vida toman para guiar la mente hacia la realización de los deseos más profundos". Es decir, que cuando aprendas a identificar los obstáculos que te impiden alcanzar tus metas, es mucho más sencillo sobrellevarlos y orientarte para adquirir los conocimientos y la experiencia necesarios para lograr el objetivo.

Dicho sea de paso, toda persona debe lograr por lo menos 7 metas al año. Y son metas integrales: una personal, una profesional, una financiera, una familiar, una recreacional, una espiritual y una social o comunitaria.

Ahora te voy a compartir cuáles son los principales obstáculos que me impidieron alcanzar la superación y el desarrollo personal, y que lo están haciendo contigo o lo harán en el futuro. Puedes estar viviendo algunas de éstas, espero que no sean todas, pero si es el caso, también quiero decirte que hoy llegó el día para que puedas superarlas, mover esos muros, esas montañas.

1. **La timidez:** éste es un obstáculo al relacionarnos socialmente; nos hace sentir cohibidos, asustados, nerviosos, e inseguros ante los demás.
2. **Miedo:** éste paraliza a las personas y les impide hacer cambios positivos en la vida; no pueden avanzar en sus proyectos, frustran sueños, las estanca y no las deja progresar.
3. **Torpeza:** cuando una persona es torpe, sus habilidades personales están impedidas. Se vuelve incompetente e incapaz.
4. **Baja autoestima:** éste lleva a las personas a pensar que una vida feliz y exitosa está fuera de su alcance; en lugar de avanzar, cada día piensan que va empeorando su situación. Lo peor del caso es cuando la baja autoestima te lleva a compararte con otros.
5. **Ira/ rabia:** pensé por un momento que la rabia solamente les daba a los perros, pero

ahora entiendo que también les da a los seres humanos; es un obstáculo que hace perder los estribos y, más importante, el sentido real de la vida, y desencadena pensamientos de revancha y coraje mal enfocado.

6. **Desilusión:** éste es un obstáculo que deriva de intentos fallidos para lograr alguna meta, lo que genera sentimientos de miedo y baja autoestima, pérdida de esperanza o ilusión de alguien o de algo.

7. **Apatía:** falta de motivación o de entusiasmo, flojera e indiferencia.

8. **Postergación:** éste produce un mal hábito o vicio, con el cual la persona se protege basándose en excusas y pretextos para no hacer los cambios necesarios en su vida. No dejes de hacer lo de hoy para hacerlo mañana.

9. **Carencia de valores:** éste bloquea el crecimiento y el desarrollo saludable de toda persona. Hoy vivimos en un mundo que reta constantemente a nuestros valores familiares, espirituales y sociales e incluso reta la moral.

Ahora quiero compartirte algunos tips para que puedas alcanzar todas tus metas y aprendas a ser un poco más ambicioso, en el buen sentido de la palabra.

¿Te resulta complicado alcanzar tus metas? Buena pregunta. Quizás has pensado en perder peso, quieres emprender un negocio o reunir cierta cantidad de dinero. Hace tiempo que te dedicas a eso, pero es imposible, y notas que no avanzas. Te tengo buenas noticias.

Si yo quiero perder peso, lo lograré haciendo más deporte, pero tengo que ser todavía más específico. Por ejemplo, debo decir: "¿cuánto peso quiero perder? ¿Cuál es el plan para perderlo?" Entonces, mi objetivo es perder 20 libras, voy a hacer una rutina de ejercicio de 45 minutos de lunes a viernes, y solamente voy a descansar sábados y domingos. De esta forma, cuando tenemos metas concretas y rutas específicas, podemos lograrlo. Así que, para lograrlo, primero haz que el objetivo sea concreto.

Procrastinación significa decirte a ti mismo que lo harás más tarde, mañana, la semana que viene. Al procrastinar, lo que transmitimos es que lo que estamos haciendo en un lugar determinado es más importante que cumplir con las metas que nos propusimos.

¿Cómo manejas el tiempo? Recuerda que "tiempo malgastado, vida malgastada". Así que es sumamente importante que, en 7 días, 24 horas cada día, nosotros tengamos una vida balanceada y equilibrada. Hay tiempo para Dios, para descansar, para trabajar, para la pareja, para los hijos, para la familia, para el entretenimiento; es importante que tengas una vida no solamente balanceada, sino también equilibrada.

Cuidado con prestar atención a las personas negativas o tóxicas: si estás intentando hacer algo que valga la pena, cuida a aquellos que se te acercan, y observa a quién le pides consejo; es parte del precio que cada persona tiene que pagar. Volvamos de nuevo al ejemplo que te di del peso: imagina que algunas amistades te digan que lo hubieran hecho, pero que no quieren privarse de nada, que la vida es para disfrutarla; que te comenten que tú nunca vas a lograrlo. Todos estos comentarios negativos no se necesitan, así que ten mucho cuidado con a qué personas le compartes tus sueños, tu visión, tus anhelos más profundos y tus secretos, porque la gente tóxica y negativa vive en un mundo totalmente diferente al que tú quieres emprender.

Tu entorno: la gente que queremos que nos rodee importa mucho, porque si eres la única persona de tu círculo próximo de amigos que intenta hacer algo con sustancia en la vida, hay que empezar a pensar en encontrar nuevos amigos. ¿Por qué digo eso? Porque hay amigos que realmente no lo son. Se les llama amigos, pero para mí, un amigo es una persona que te escucha, no te juzga, que cree en ti y siembra en ti tiempo y dinero. Lo ideal es tener algunos amigos que ya estén por encima de nosotros - pueden ser mentores positivos- y alejarnos de algunos de los errores que cometieron ellos en su recorrido. En ninguna circunstancia te rodees con gente negativa, son como un cáncer, que infecta y acaba con todo lo que tiene valor.

Y, por último, la falta de paciencia: éste es un asunto muy importante del éxito. ¿Recuerdas la primera vez que intentaste andar en bicicleta o patinar? ¿Cuándo comenzaste un nuevo entrenamiento? Se dice que, para dominar un tema, hay que emplearle por lo menos mil horas.

Ahora, pregúntale a cualquiera que haya logrado un gran éxito, ¿cuánto le tomó poder lograrlo? Siempre le digo a las personas qué lindo es ver la gloria de un hombre o de una mujer, pero para haber llegado a la gloria, hay una historia; y entre historia y gloria, hay un proceso y desiertos, todos los procesos duelen, y en todos ellos se pasan desiertos, pero de esos procesos salen las mejores lecciones, las mejores experiencias que tú vas a poder compartir una vez que estés en la cima del éxito; les vas a poder decir a los demás cómo fue tu trayectoria, cuántos obstáculos, muros y montañas tuviste que vencer para poder lograr tu propósito. ¡Construye desde hoy una historia que inspire a aquellos que vienen detrás de tí en el camino!

Momentos de Reflexión

1. ¿Cuál es tu objetivo principal en la vida?

2. ¿Cuáles son los 3 valores más importantes en tu vida?

3. ¿Qué puntuación darías a tu vida personal/laboral en este momento (del 1 al 10)?

4. ¿Qué tendrías que cambiar o integrar para llegar al 10?

5. ¿Cuál es el primer cambio que necesitarías empezar a hacer? ¿Cuál es el primer paso para lograrlo?

6. ¿Qué no estás dispuesto a cambiar?

7. ¿Qué otras áreas de tu vida podrías mejorar?

8. ¿Qué es lo que realmente quieres?

9. ¿Qué ganarás tomando esa decisión?

10. ¿Qué te dice tu intuición sobre ese objetivo?

11. ¿En quién te quieres convertir?

"La verdadera prosperidad es conocer tu propósito de vida, crecer para alcanzar tu máximo potencial y sembrar semillas para beneficiar a otros."

Louis Rivera.

Made in the USA
Columbia, SC
15 July 2023

20076513R00076